KB266145

복 있는 사람

오직 여호와의 율법을 즐거워하여 그 율법을 주야로 묵상하는 자로다.
저는 시냇가에 심은 나무가 시절을 좇아 과실을 맺으며 그 잎사귀가 마르지 아니함 같으니
그 행사가 다 형통하리로다. (시편 1:2-3)

예언자의 말들

예언자의 말들

Abraham Joshua Heschel

Thunder in the Soul

예언자의 말들

아브라함 헤셸

정다운 옮김

복 있는 사람

예언자의 말들

2026년 1월 23일 초판 1쇄 발행
2026년 2월 13일 초판 2쇄 발행

지은이 아브라함 헤셸
옮긴이 정다운
펴낸이 박종현

(주) 복 있는 사람
주소 서울특별시 마포구 연남동 246-21 (성미산로23길 26-6)
전화 02-723-7183 (편집), 7734 (영업·마케팅)
팩스 02-723-7184
이메일 hismessage@naver.com
등록 1998년 1월 19일 제1-2280호

ISBN 979-11-7083-315-4 03230

차례

일러두기

– 이 책의 성경 본문은 『새번역』을 따랐다.

– 각주는 편집자 주이며, 옮긴이 주는 따로 표시했다.

모든 순간은
영원을
스친다

×

누구도, 어느 한 세대도 자신의 힘만으로 하나님께 이르는 다리를 놓을 순 없다. 신앙은 수 세기에 걸쳐 여러 세대가 쌓아 올린 산물이며, 거기에 담긴 사유 중 상당수는 마치 오래전 쏘아진 별빛이 지금 우리 눈에 닿듯, 그렇게 전해진 것이다. 오늘날 우리가 다 헤아리기 어려운 수많은 노래가 그렇듯, 지나간 시대의 목소리들이 울리고 있다. 우리 영혼에는 신에 관한 인류의 기억이 쌓여 있는데,

신앙 안에서 우리는 바로 그 기억을 나눈다.

영혼은 기억의 창고이며, 기억은 영혼의 자산이다. 따라서 일시적인 유행을 따르는 것보다 현재 속에 과거가 살아 숨 쉬고 있는지가 더 중요하며, 그것이 인격의 풍요로움을 판가름한다. 우리는 자신을 깊이 알고자 하거나 삶에서 가장 소중한 것이 무엇인지를 찾고자 할 때 기억을 더듬는다. 기억은 변덕스러운 마음에 대한 영혼의 증인으로서 우리가 살아온 길을 분명하게 증언한다.

타인의 영혼을 모방하는 이들에게는 현재만이 있을 뿐이다. 그들은 감사하기를 두려워하며 선의를 지키기에는 너무도 연약하다. 그들은 기억을 소중하게 여기지 않는다. 그처럼 약하고 빈약한 이들에게 감사란 가장 고통스러운 감정이다. 그러나 고결한 이들에게 기억은 거룩한 기쁨이다. 그들은 감사로 가슴 벅차게 전율한다. 그들은 일시적인 기분과 열정에 빠져 길을 잃거나 잠깐의 어려움에 우정을 잊지 않는다. 지나갈 일에 눈을 빼앗겨 영원한 가치를 잃지 않는다. 지혜의 비밀은 그 둘을 분별하는 데 있다. 스쳐 지나는 일상은 내면의 저수지를 채워 주기도, 그냥 스러지기도 한다. 경험의 가치는 그 여부에 달려 있다. 기억에 남는 경험만이, 기억 속에서 이루어지는 행위만이 가치가 있다. 기억은 모든 행동의 시금석이다.

기억은 신앙의 원천이다. 즉 신앙을 갖는다는 것은 기억한다는 의미다. 유대 신앙은 과거 이스라엘이 겪은 일을 기억한다. 하나님의 영이 사건을 일으키셨으며, 그 현실은 우리 눈에 선연히 보인다. 그 생생함은 결코 흐미해지지 않는다. 그러니 성서의 요구는 '**기억하라**'라는 한 단어로 함축할 수 있다. "당신들은 오로지 삼가 조심하여 당신들의 눈으로 본 것들을 잊지 않도록 정성을 기울여 지키고 평생 당신들의 마음속에서 사라지지 않도록 하십시오. 또한 그것을 당신들의 자손에게 길이 알리십시오"(신 4:9).

유대인들은 고대의 기념비가 아닌 고대의 시간을 보존했다. 그들은 역사 속 타오르는 불꽃을 결코 꺼트리지 않았다. 과거는 계속 생생하게 살아 유대인들의 사유와 마음 그리고 예전 속에서 유유히 이어진다. 기억이란 신성한 행위다. 우리는 과거를 기억함으로 현재를 축성(sanctify)한다.

그러나 **신앙을 갖는다**는 것은 예언자들과 현자들의 낡은 사유나 그늘에 머문다거나 교리와 신조의 유산으로 연명한다는 의미가 아니다. 영혼을 영토라고 하면, 개척자만이 상속의 자격을 얻는다. 영혼을 표절하는 것의 대가는 진실성의 상실이며, 그것으로 스스로를 과시하는 것은 곧 자기 배반이다.

그러므로 **진정한 신앙**은 그저 전통의 메아리 그 이상이다. 그것은 창조적인 사건이며 생동하는 장면이다. 하나님이 언제까지나 침묵하시지도, 사람도 언제까지나 눈먼 채로 남겨지지 않는다. 모든 삶에는 이전에 알던 세계의 경계를 넘어서는 순간, 그 세계의 지평선이 베일처럼 벗겨지는 순간, 그렇게 영원을 보는 눈이 열리는 순간이 있다. 누구나 적어도 한 번은 하나님을, 하나님이라는 현실을 잠시나마 마주한다. 우리는 하나님과 깊이 연결된 이들의 영혼을 통해 흐르는 아름다움과 평화와 힘을 본 적이 있다.

그러나 그러한 경험이나 영감은 드물며, 어떤 이들은 유성처럼 지나가 버린 그 사건을 기억하지도 못한다. 반면 또 다른 이들은 그 빛으로 불을 밝히고 그 빛이 꺼지지 않게 지킨다. 그 시간을 기억하고, 그 경험에 충직하게 응답한다. 신앙을 지탱하는 힘은 거기에 있다. 이런 뜻에서 **신앙이란 신실함**, 그 사건을 끝내 기억하고 헌신하는 충정, 그 모든 응답을 끝까지 살아내는 신의다.

영원에 이르는 길은 삶 이후에 있는 것이 아니다. 시간이 끊어지는 곳에서 시작되는 것도 아니다. 영원은 시간 너머가 아닌 **시간 안에**, 순간 속에, 구체적인 사건 안에서 시작된다. 이

렇게 시간은 두 가지 면, 곧 **일시성과 영원성**의 차원에서 바라
볼 수 있다.

시간은 영원에 가닿아 있으며, 영원의 끝자락에 달린 술들*
이다. 우리 삶의 순간들은 영원의 옷자락에 달린 무수한 술들
로, 둘은 같은 천으로 직조되었다. 영원이 한 가닥의 유한한
선 안에 들어올 수 있음을 깨닫는 것이 바로 영적인 삶이다.

진실하지 못한 삶은 느슨하게 풀어져 옷에서 쉬 떨어져 버
리는 실과 같고, 매 순간은 영원에서 풀려나온 실로 정교한
술을 직조해 가는 실타래와 같다. 경건한 행위를 통해 우리는
그렇게 매 순간 영원에 닿는 법을 배운다. 그 실을 내던져 버
려서는 안 되며 그 모든 실이 영원이라는 직물의 무늬가 되도
록 해야 한다. 우리 삶의 날들은 영원으로부터 떨어져 나온
도망자가 아니라 영원의 대표자이다. 그러므로 우리는 마치
영원한 운명이 한순간에 달린 듯 살아야 한다.

시간의 일시성에서 바라보면 시간의 본질은 분명 분리이며
고립이다. 찰나는 언제나 외따로 떨어진 배타적인 순간이며,

---

* 유대 전통에서 옷 끝에 다는 쯔치트(tzitzit)의
은유일 가능성이 크다. 이 쯔치트는 하나님의 계명
을 기억하게 한다.—옮긴이

두 찰나가 서로 이어질 수도, 결코 동시(同時)가 될 수도 없다. 그러나 영원성에서 바라보면 시간의 본질은 연결이며 교감이다. 우리가 서로 교감하고 예배하며 사랑하는 곳은 공간이기보다 시간이다. 한 날이 천 년과 같은 무게를 갖는 것도 시간 안에서만 가능하다.

창조적인 통찰은 평생에 걸쳐 자라 하나의 순간에 머물지만 동시에 영원히 남는다. 영원하다는 것은 하나님과 친밀하게 일치된다는 것, 곧 "그의 모든 길을 따르는"(신 11:22) 것을 뜻한다. 시간성에서 바라보면 한순간은 결코 다른 순간과 동시일 수 없으나 영원성에서 바라보면 모든 순간에 하나님과 동시대를 사는 것이 가능하다.

고대 그리스의 수학자 유클리드의 삶과 인격이나 그의 책 『기하학 원론』이 어떻게 탄생했는지에 대해서 **기록되거나 알려진 바는 거의 없다.** 그의 기하학 법칙은 시간에 메이지 않는다. 그 법칙이 처음 인간 정신에 떠올랐던 순간과 그 법칙의 의미나 타당성 사이에는 어떤 관련이 없다. 즉 이 경우에는 시간과 사유, 행위와 내용, 저자와 가르침이 서로 이어져 있지 않다.

이와 달리 성서의 말씀에는 그러한 단절이 없다. 말씀은 시간과 동떨어진 채 허공에 대롱대롱 달린 것이 아니다. 시간과 사상, 행위와 내용, 저자와 가르침이 깊은 차원에서 서로 얽혀 있다.

성서는 그저 율법 체계일 뿐만 아니라 역사 속 사건들에 관한 기록이기도 하다. 실제로 성서에 등장하는 지혜로운 경구나 몇몇 규범은 다른 곳에서도 발견되거나, 여느 곳에도 있음 직한 것들이다. 그러나 성서가 전하는 사건들과 그것을 보는 성서의 시각은 다른 곳에서 그 유례를 찾을 수 없다. 성서는 그 사건을 하나님과 인간이 만나는 자리가 된다고 해석한다. 그렇기에 성서적 인간에게 사건은 삶을 구성하는 근본적인 범주 중 하나다. 그 사건이 일종의 공리가 되어 그의 삶 또는 존재를 측정하고 저울질한다.

유대교는 **역사의 종교이며 시간의 종교**다. 이스라엘의 하나님은 자연 현상보다는 먼저 역사에서 일어나는 사건을 통해 말씀하신다. 다른 민족의 신들이 특정 장소 혹은 사물과 이어져 있는 것과 달리 예언자들의 하나님은 노예 상태에서 이스라엘을 구원하신, 토라를 계시해 주신 '사건의 하나님'이다. 하나님은 특정 사물 혹은 장소보다 역사 속에서 일어나는 사건들을 통해 자신을 드러내신다.

이스라엘 종교는 '사건들'에서 비롯되었다. 즉 하나님과 인간이 만난 특정 순간들이 유대교의 근간이다. 유대교는 '하나님의 정의와 자비는 영원하며, 하나님은 인간과 관계를 맺으신다'라는 진리와 함께 그 구체적인 '사건들' 위에 서 있다. 출애굽 사건은 그저 '상징'일 뿐이며 본질은 '자유'라는 개념에 있다는 주장은 유대 신앙의 핵심을 외면하는 것이다.

이렇게 유대교는 율법과 사상뿐 아니라 결정적인 '사건들'에의 깊은 믿음을 요구한다. 유대교에서 사건과 사상은 분리될 수 없다. 하나님의 영은 역사 속에서 그 현존을 드러내시며, 그 계시된 사건이 참된지는 율법과 사상을 통해 입증된다.

우리 대부분은 계시라는 개념을 쉽게 받아들이지 못한다. 그것을 입증하거나 해명하기 어려워서가 아니라 전례가 없기 때문이다. 이는 계시를 거부한다는 것이 아니다. 애초에 그 개념은 우리의 마음에 들어서지 못하기에 거부할 수도 없다. 우리에게는 그 개념을 파악할 적절한 형식이나 범주 자체가 없다. 우리는 모든 일을 보편 법칙 안에서 이해하고, 모든 현상을 유형으로, 그 유형의 한 사례로 분류하도록 배웠다. 그래서 우리는 비범한 것, 유일무이한 사건을 믿지 못한다. 한 사건이 단 한 번, 특정 시간에만 일어났다는 것, 가끔이라도 반복되지 않는 일상적이지 않은 사건이 있다는 것을 받아들이지 못한다. 공간의 영역에서 한 번 일어난 일은 언제든 다시 일어날 수 있는 일이다. 공간을 다루는 과학에서 이는 당연한 사실이다. 그러나 시간의 영역에서 어떤 사건은 단 한 번만 일어난다. 우리에게는 이 사실을 이해할 능력이 없다. 계시는 바로 이 사건, 늘 일어나는 일이 아닌 사건, 특정 시간, 유일한 어떤 순간에만 일어난 사건이다.

유일함에 대한 감각을 잃은 영혼은 황폐해진다. 그보다 더 영혼을 파괴하는 결핍도 없다. 그러므로 창조적인 사람은 예외적이고 찰나적인 것을 포착하는 데 유능하다. 그는 정신이 굳어 정체되기 전에 그 유일함을 붙잡는다. 살아 있는 것은 무엇이나 유일하며 창조적인 언어는 그것을 안다. 참된 통찰은 유일한 그것이 다른 무엇과 닮은꼴로 분류되어 굳어 버리기 전에 그 생생한 고유함을 바라본다.

탁월한 이들만이 그 찰나적이고 유일한 것에 대한 감각을 다른 이들에게 전할 줄 안다. 그렇더라도 그 탁월함조차, 그 모든 시(時)들조차 영원히 흐르는 음악의 한 소절을 노래할 뿐이다. 우리의 고정관념과 거기에서 비롯된 의심은 그 모든 유일함을 설명해 규정하고자 한다. 그 유일한 사건의 '말로 다 할 수 없는 유일무이함'을 감지하려면 더 깊은 분별이 필요하다.

소수만이 입증하거나 검증할 수 있더라도 참된 사상은 참이다. 이처럼 소수만이 경험할 수 있더라도 여전히 그 경험은 참되게 실재한다. 하나님과 인간 사이에는 많은 일들이 일어나지만, 당사자조차 알아채지 못한 채 지나가는 일이 많다.

우리는 공간 안에서 각 사물을 구분하듯 시간 안에서 순간을 분별할 줄 알아야 한다. 각 사건이 어떻게, 얼마나 유일한지를 감각하는 법을 **배워야 한다.** 그러지 못하면 계시의 의미는 언제까지나 모호한 채로 남겨지고 만다. 실상 '유일함'은 공간보다는 시간에 속해 있다. 공간에 놓여 있는 두 개의 돌, 두 개의 사물은 서로 닮을 수 있어도 한 인생에서 두 시간, 인류 역사에서 두 시대가 같을 수는 없다. 한 번 일어난 일은 결코 그대로, 같은 식으로 반복되지 않는다. 그리스의 정치가 페리클레스의 시대나 르네상스 시대는 결코 되풀이되지 않는다. 역사가 반복된다는 주장은 시간에 대한 무지, 사건의 깊이에 대한 무감각에서 나온다. 성서 시대의 사람은 시간의 깊이를 온전히 알았기에, 시내산*에서 자신이 인류 역사상 유례없는 사건을 목도했음을 이해할 수 있었다.

현실과 동떨어진, 고유하고 구체적인 삶은 무시한 채 일반

1. 모든 순간은 영원을 스친다

화에 집착하는 태도는 예언자적 사유와는 거리가 멀다. 예언자의 언어는 결코 구체적인 삶, 역사적 상황과 유리되지 않는다. 시대를 초월한 추상적인 메시지라는 것은 없다. 그것은 언제나 구체적인 현실의 상황을 가리킨다. 보편은 특수 안에 주어지고 구체적인 것들 속에서 드러나며, 구체적인 현실이 추상적인 진리를 입증한다. 이 말은 유대교가 철학을 사건에 종속시키거나 영원한 진리를 특정 역사적 사건 안에 가둔다는 의미는 아니다. 유대교는 '사건'이 거룩한 율법을 드러내고, 진리가 '역사' 안에서 성취되는 차원, 그러한 실재의 차원을 가리키고자 한다.

우리는 역사의 의미에 관심을 기울일 수밖에 없다. 우리는 어디에서 왔는가? 어디에 있는가? 어디로 가는가? 이와 같이 우리를 불안하게 하는 그 물음을 외면하기란 어렵다.

인간은 시간의 문제를 **피할 수 없다.** 우리는 시간에 관해 사

---

* 하나님의 시내산 계시는 유대인의 성서 이해에 있어 중심적인 사건이다. 왜냐하면 그 순간이 바로 하나님께서 유더 민족과 언약을 맺으신 때이기 때문이다.

유할수록 공간을 통해 시간을 정복할 수는 없다는 것을, 오직 시간 속에서만 시간을 익힐 수 있음을 깨닫는다.

영적 삶은 더 많은 지식을 축적하는 삶이 아니다. 영혼이 다다르고자 하는 높은 목표는 거룩한 순간에, 그 순간을 마주하는 데 있다. 종교적 체험에서 인간이 경험하는 것은 어떤 사물(thing)이 아닌 영적 현존이다. 우리의 영혼에는 그 일이 일어난 장소가 아닌 그 순간, 그 통찰이 남게 된다. 통찰의 순간은 그 자체로 하나의 보물이어서 우리를 시간의 경계 너머로 데려간다. 시간 안에 담긴 영원의 장엄함을 감지하지 못할 때 영적 삶은 퇴락하기 시작한다.

시간과 공간은 서로가 서로에게 이어져 있다. 어느 하나를 간과하면 다른 한 부분이 눈멀게 된다. 우리는 공간에 무조건 굴복해 사물의 노예가 되는 삶에 맞서야 한다. '사물'이 순간을 의미 있게 만드는 것이 아니다. 우리는 사물이 순간에 의미를 부여하는 것이 아니라, 순간이 사물에 의미를 부여한다는 사실을 잊어서는 안 된다.

진정 살아갈
가치가 있는
단 하나의
삶

✕

우리는 모두 **신비를 감지하는 순간**을 경험한다. 그러나 앞서 살펴본 대로, 그때에도 사람들은 신비가 자신의 존재와는 분리된 무엇인 양 오해한다. 신비로운 대상은 따로 있으며, 그 대상에게 신비가 담겨 있는 듯 여긴다. 신비가 한낱 관찰 대상인 것처럼, 그것을 목격하는 행위와 신비로운 대상을 분리한다. 그러나 우리를 옭아매는 낡은 관념을 벗어나 어떠한 조건도 없이 신비와 마주하면,

그것은 먼 하늘의 무지개처럼 손에 닿지 않는, 우리와 동떨어진 것이 아님을 깨닫게 된다. 오히려 눈에 보이는 모든 것 속에, 문을 열고 나가면 만나는 세계에, 오감으로 감각할 수 있는 사물 속에 신비가 있다. 신비는 관념 속에, 이상 속에 존재하는 무엇이 아니다.

신비는 일상과 괴리된 '예외'가 아니며 외려 모든 것을 감싸는 공기와 같다. 그것은 외따로 떨어진 무엇이 아니라, 모든 현실의 영적 배경이며 **모든 존재의 본질**에 속한다. 진실로 거룩한 분의 임재는 모든 존재를 감싼다. 삶은 자아의 소유물이 아니며, 이 세계는 주인 없는 빈집이 아니다. 이곳은 모든 곳에 존재하는 주인의 현존이 잘 숨겨져 있는 열린 집이다. 그래서 우리는 종종 그분의 신중함을 부재로 오인하기도 한다.

만물 위에는 거룩함이 감돌고 있으며, 그로 인해 우리는 모든 존재에게서 신비를 볼 수 있다. 신비를 숙고하는 이는 본래 만물이 하나님 안에 존재하는 듯, **존재하는 것**은 하나님께 **기억되는 것**인 양, 마치 내면이 외면을 감싸 안듯이 만물에 그 깊은 사유와 정신과 뜻이 깃드는 순간을 마주한다.

모든 존재는 우리를 **등지고 서서 그 얼굴을 하나님께로 향하고** 있다. 사물 자체에서 어떤 거룩한 특질이 흘러나오는 것이 아니라 하나님의 생각 속에 그것이 존재한다는 것이 사물의 형언할 수 없는 거룩한 본질이기 때문이다. 나무를 만질 때 우리는 나무가 세계의 끝이 아님을, 그 나무는 공간 안에 서 있음을 안다. 이처럼 정의와 연민과 진실함에 깃든 형언할 수 없는 거룩함이 영혼의 끝이 아님을 안다. 궁극적 가치는 우리의 오판과 폄하, 거절에도 살아남는다. 의미는 그 자체로 의미 있고, 아름다움은 그 자체로 아름답다. 우리가 의미를 파악해서 의미를 얻게 되는 것도, 자애롭게도 아름답다고 여겨 아름답게 되는 것도 아니다.

영혼은 일반적인 지각을 통해 자신과 **다른** 실재를 만나는 데 그치지 않고, 우주보다 더 높은 실재와도 마주한다. 우주보다 높은 그 영광에 비하면 우리 영혼은 온 세상의 공기 안에 내쉬어진 한 조각의 숨과 같다. 그것을 자각하기만 해도 우리는 우리 자신보다 더 소중한 그 현실로 들어서게 된다. 그렇게 지각한 현실은 너무나 강력하여 외면할 수 없고 너무도 거룩해서 온전히 흡수할 수도 없다. 우리는 그 현실을 사유하며 또 그 사유를 함께 나눈다. 인간의 마음만이 아니라, 온 우주가 그 사유로 충만하다. 우리는 더 이상 '그들'을 경이로워하는 게 아니라 그 모든 것들과 **함께** 경이로워하며, 모든 것들에 '대해' 사유하는 게 아니라 모든 것들을 '위해' 사유하게 된다.

경건이란 언제나 자신을 넘어서는 **무언가를 가리킨다**. 경건이 우리의 내면을 움직이면 우리는 인간을 넘어서는 무언가에게로, 덧없는 현재를 넘어서는 무엇에게로, 눈에 보이고 손에 잡히는 것을 넘어서는 무엇에게로 이끌린다. 그렇게 경건은 우리를 감각이나 야망에 함몰되지 않도록 막아 주며 우리의 흥미나 욕망, 열정, 경력보다 더 중요한 무언가를 지키는 자로 굳건히 서게 한다. 경건한 이들은 이 세계의 아름다움과 매력을 거부하지 않으면서도, 삶이 그보다 더 너른 지평에서 펼쳐지고 있음을 안다. 우리의 삶은 개인은 물론 민족의 운명과 특정 세대 그리고 시대까지도 넘어선다. 그의 시선은 신성을, 그 단서를 포착한다. 작은 것에서 의미를, 평범하고 단순한 것에서 궁극을, 빠르게 흘러가는 것들 속에서 영원의 고요를 감지한다. 경건은 그 모든 삶의 지평, 인간이 그 모든 것들에 대해 알고 느끼는 바와 이어져 있으면서도 그 모든 지적인 경험과 감정들의 총합을 훌쩍 넘어선다. 그 본질은 기실 단순한 이론, 감정, 신념 이상이다. 경건을 견지하는 이들에게 경건은 운명의 부름에 순응하는 것이며, 진정 살아갈 가치가 있는 삶이자, 짐승과 같은 혼돈에 헤매지 않을 수 있는 유일한 길이다.

그렇기에 경건은 삶의 방식, 거룩한 것을 향하는 영혼의 나

침반이자, 모든 행위와 감정과 사유가 궁극적인 것을 향하는 것, 그 궁극적인 것을 향한 관심이 우선시되는 것이다. 어떤 영적 중력에 끌리듯 그의 마음은 그곳을 향해 열리며, 경건한 이는 우주의 고요를 향해, 그 중심을 향해 움직인다. 그의 양심은 하나님의 음성을 듣는 곳에 자리한다.

인간의 삶은 그가 무엇에 관심을 두느냐에 따라 달라지며, 본질적으로 그가 가장 중요하게 여기는 것이 무엇인지, 무엇을 열망하는지가 그의 삶을 결정한다. 경건한 이의 가장 큰 관심은 하나님을 향하며, 그것이 그의 행동과 삶에서 이루어지는 결정들을 좌우하는 동력이 된다. 그 방향이 그의 열망과 행위를 빚어낸다. 인간의 행동이 지식과 관련 없이 이루어진다고 보는 것은 그릇된 해석이다. 정신과 마음의 방향, 근본적인 관심이 어떤 것을 간과하게도 하고, 발견하게도 한다. 그 관심과 방향이 그를 이끌어 가는 것이다. 경건한 이는 그의 신앙을 따라 자신의 관심 방향을 정한다. 경건은 삶으로 번역된 신앙이며, 인격 안에 체화된 영혼이다.

경건은 모든 존재를 대하는 **태도이다.** 경건한 사람은 모든 인간의 존엄성에 깨어 있다. 나아가 그는 심지어 생명 없는 사물들조차 결코 빼앗길 수 없는 영적 가치를 품고 있다는 그 사실에 대해서도 깨어 있다. 사물이 초월적 가치와 어떻게 관계를 맺는지를 아는 사람은 그 어느 것도 자신의 이익을 위해 함부로 대하지도, 상대를 종처럼 부리며 폄하하지 않는다. 모든 존재 안에는 하나님의 관심과 돌보심이 깃들어 있다. 이것이 존재의 비밀이다. 모든 사건은 성스러운 무언가와 이어져 있다. 경건한 이들이 현실을 경외심으로 대하는 이유, 큰일과 작은 일을 모두 엄숙하게, 양심적으로 대하는 이유가 여기에 있다.

세상을 마주할 때마다, 우리는 종종 우리의 이해를 훌쩍 넘어서는 영을 감지한다. 이 세계는 우리 상상 이상으로 크고 경이로 가득하다. 영광은 배제가 아니라 모든 존재를 감싸안는 아우라이며, 모든 현실의 영적 토대다. 경건은 모든 현실을 향한 태도다. 경건한 이는 모든 인간이 존엄하다는 감각에 깨어 있으며, 무정물에조차 깃든 영적 가치, 그 빼앗길 수 없는 속성까지를 예민하게 감지한다.

신비
앞에서

✕

우리는 늘 말(言)을 **쫓지만**
말은 언제나 저만치 멀어진다. 가장 위대한 경험은 표현할 방도가 없다. 말할 수 있는 것들로만 사는 삶은 흙을 깊이 파는 대신 지표면의 흩날리는 먼지 위를 뒹구는 것이다. 우리의 삶은 신비 속에 있고, 우리의 존재는 신비와 결부되어 있다. 우리는 영혼에 섬세하게 울리는 그 우주의 박동에 영원히 귀를 닫은 채 살 수 없다. 신비는 저 먼 우주가 아니라 우리의 영혼

깊은 곳에 자리한다. 언제나 가장 친숙한 것이 가장 신비로운 법이다. 신비를 마주한 마음에는 경이가 깃들고, 경이는 나침반이 되어 우리를 의미의 극점으로, 그 본질로 이끈다. 경이만이 그곳을 가리킬 수 있다. 지금, 1초가 지나고 다음 1초가 오는 지금, 이 글을 쓰는 순간에도 나는 신비에 휩쓸려 잠시 멈춰 서는 일이 온당함을 자각한다. 그 수수께끼로부터 도망치기보다 그것에 사로잡혀 끌려가는 편이 낫다.

우리는 형언할 수 없는 것을 자각하는 순간 그동안 구사해 온 말과 결별한다. 우리 삶의 본질, 인간의 경험과 영원이 만나는 접선은 언어의 한계 너머에 있다. 우리가 인식하는 사물의 세계는 하나의 베일일 뿐이다. 베일의 흔들림은 음악이 되고, 거기에 달린 장식은 과학이 되곤 하지만, 그것들만으로는 그 너머에 감추어진 것을 헤아리기 어렵다. 그 침묵은 끝내 깨어지지 않으며 어떤 말도 그 신비를 온전히 실어 나르지 못한다.

때로 우리는 이 세계가 울음을 터뜨려 이 두려우리만치 장엄한 세계를, 이 세계에 그 거룩함을 잉태한 그 무엇을 드러내 주기를 바라며, 우리의 마음이 그 경이에 대해, 그 압도적인 무게에 대해 말해 주기를 원한다.

경외는 본래부터 인간의 의식에 깃들어 있다. 아플 때 통증을 느끼고, 위험을 맞닥뜨릴 때 두려워지듯 경외는 인간 의식의 고유한 **태도다**. 경외의 대상과 범위는 다양하나 모든 인류 문명에는 경외라는 특성이 자리하고 있다. 보다 흔하고 보편적인 예를 살펴보자. 경외의 대상이 무엇이든, 그 내적 구조, 곧 경외의 태도는 어디서나 동일하게 나타난다. 누구도 별을 조롱하거나 새벽을 무시하거나 존재 전체를 멸시하지 못한다. 숭고하고 장엄한 무언가를 마주하면 주저함 없고 흔들리지 않는 경외감이 솟게 마련이다. 장대함으로부터 멀어져 자기 자신 속에, 자신이 만든 개념 속에 갇히면 우리는 모든 것을 멸시하고 비방하게 되지만, 하늘과 땅 사이에 서면 우리 앞에 펼쳐진 것들 앞에 침묵할 수밖에 없다.

경외는 신비 앞에 선 인간의 응답 중 하나다. 그렇기에 여느 감정과 달리 우리는 경외감을 입으로 쏟아내려 하지 않는다. 경외 앞에서 우리의 입술은 굳게 닫히는데, 말로 표현되는 순간 그 말이 자신을 타락시킬 것을 알기 때문이다. 그러한 순간 앞에서 말이란 모독이 될 뿐이다. 우리는 다만 멈추어, 고요히 그 순간이 계속되기만을 바란다. 마치 위대한 음악 앞에서 사로잡힐 뿐 그것을 비평할 수 없는 것처럼, 경외에 휩싸인 인간 역시 그러하다. 실제로 경외는 고요라는 비옥한 땅에서만 결실을 거둔다. 우리가 경외하는 그것의 의미는 우리의 이해를 넘어서며, 우리를 압도한다. 우리에게는 그것을 분류할 목록조차 없다. 우리가 사용하는 가치 기준으로 평가하려 하면 도리어 그것을 왜곡하고 만다. 경외는 본질적으로 우리의 측량을 초월한다.

바퀴가 빠르게 소용돌이치며 구르듯 삶은 흘러가 버리고, 매 순간 그 모든 경험 너머로 이어지는 접선을 **우리는 대부분 지각하지 못한다.** 지식을 열렬히 추구하는 우리의 지성은 아무런 저항도 하지 않는 세계의 풍요를 경외하기보다 사냥하듯 약탈한다. 그러나 그 사냥으로 취한 전리품은 우리를 끝내 채워주지 못하고, 우리는 그 지식의 소용돌이 속에서 이내 우리 자신을 잃어버리고 만다.

그 모든 지식이 열어야 할 너른 지평은 쉬이 사라진다. 허망한 유행과 말의 놀음이 빚어낸 안개가 그 지평을 가려버린다. 우리는 그 안개 너머를 보지 않으려 한 채, 명징한 현실을 하나의 의견으로, 신비를 교리로, 사상을 무수한 말들의 모음으로 바꾸고 이에 만족한다. 비범한 일들을 으레 일어나는 일로, 새벽빛을 흔한 자연의 일과로 여긴다. 그러나 우리는 다시, 또다시 깨어난다. 낮과 밤이 무수히 이어지는 시간 속을 걷다가 불현듯 장엄한 두려움에 휩싸여 깨닫는다. 우리의 지혜는 먼지보다 못하다는 것을. 우리는 저녁노을이 내뿜는 장엄한 광휘를 견딜 재간이 없다. 그 앞에서 명석한 견해나 말이, 교리가 무슨 소용이겠는가? 서재라는 제한된 공간 안에서는 우리의 지식은 빛의 기둥처럼 브인다. 그러나 무한을 향해 열린 문 앞에 설 때 우리는 그것들이 햇살 속을 부유하는 반짝이는 한낱 티끌에 불과함을 깨닫는다.

때로 설명과 견해는 경이가 떠나버렸다는 표지, 통찰이 사라지고 탐구의 끝을 알리는 통행금지령과 같다. 어떤 이들에게 그 모든 정보는 경이와 신비의 대체품이다. 그러나 정보보다 참된 실재를 소중히 여기고, 개념보다 삶이 강하고, 말보다 세계가 크다고 고백하는 이들에게는 그러한 기만이 없다. 그들은 자신이 인식하는 그것이 참된 실재의 핵심이라고 확신하지 않는다. 혹자는 유려한 말로 사물에 이름을 붙이며 그것을 이용하나, 우리의 목적에 사물을 종속시키고, 지성이 고안한 틀에 그들을 욱여넣으려는 시도를 멈춰야 한다. 그때 비로소 경이는 드러난다. 그곳에서 우리는 마침내 놀라움에 넋을 놓고 말을 잃는다. 그 신비는 너무도 커서 우리의 작은 머리에 담기지 않으며, 우리의 작은 존재로는 그 신비를 온전히 경험하는 것조차 불가능하다. 실상 음악과 시와 종교는 모두 개념으로 형용할 수 없고, 명명할 언어가 없는 실재, 이성으로 파악할 수 없는 그것과 맞닥뜨릴 때 시작된다.

그러나 신앙은 삶의 신비를 느끼고, 경이와 놀라움 혹은 두려움을 느끼는 데서 기인하지 않는다. **신앙은 그 마음, 그 신비와 경이와 두려움으로 무엇을 할 것인지, 어떻게 그 모두와 만날 것인지를 묻는 데서 시작된다.** 그 신비 속에 홀로 남겨진 고립 상태를 벗어나 그 경이로움이 우리에게 무언가를 요구하고 있음을 지각하는 지점이 우리의 출발이다. 그 물음은 우리의 영혼을 긴장시키고 우리를 사로잡는다. 그 물음은 인간 편에서의 응답을 요청한다.

경이는 아름다움을 감상하며 만족하는 상태가 아니다. 끝없이 경이로워서 한다는 것은 끝없는 긴장 속에 머문다는 뜻이다. 우리는 우리가 품은 경외심이 얼마나 불충분하며, 그 충격이 얼마나 미약한지를 자각하며 다시금 놀란다. 궁극적 물음이 우리를 향해 던져지는 것이다.

끝없는 경이는 우리의 존재가 무한한 생명에 빚지고 있음을 일깨운다. 경이를 느끼는 마음에는 자기 과시가 들어서지 못한다. 그 속에서 우리는 오직 한 가지, 우리가 가진 모든 것은 빚진 것임을 알게 된다. 이 세계는 그저 무수한 대상들로 이루어져 있는 것이 아니다. 그 모든 존재는 우리에게 무언가를 요청하며 우리는 이에 응답한다. 경이로움을 느낀다는 것은 우리가 질문을 받는다는 뜻이다. 형언할 수 없음은 기실 그 자체로 우리를 향해 주어진 물음이다.

그러므로 우리에게는 그 물음에 응답할지 또는 거부할지의 선택만이 남는다. 경이에 더욱 깊이 귀 기울이는 이는 그 물음에 응답하게 된다. 경이 속에서 우리가 그 물음을 거부하게 하는 유일한 이유는, 우리의 오만-과 무감각이 벗겨지기 때문이다. 경이로움을 느낀다는 것은 무게를 느끼는 것이며, 그럴 때 우리는 그 무거움을 보다 가벼운 짐으로, 단순한 정답으로, 피상적인 목적의식으로 바꾸고 싶어 한다. 그러나 실상 그 짐을 내려놓기란 불가능하며, 그렇다고 어디로 가야 하는지도 모르는 채로 그 짐을 이고 갈 수도 없다. 이것이 경이를 느끼는 이가 처하게 되는 상황이다.

불길이 번지고 화마가 집을 무너뜨리려는 순간에는 그 위험이 실제인지 상상인지 조사하고, 연소의 화학 원리를 탐구하고, 화재의 책임 소재를 따질 겨를이 없다. 궁극의 물음이, 그 불꽃이 우리 영혼에 타오르는 순간도 그렇다. 그 물음이 우리의 영혼에서 터져 나올 때 우리의 영혼은 소스라치고 말로 다 할 수 없는 경이로 가득 차 버리기에 학문을 연구하듯

'예'와 '아니오' 사이의 중간 지대에 머물며 답을 유예할 수 없다. 그 순간은 그러한 물음이 왜 솟았는지를 이성으로 사유하며 의심을 던지는 때가 아니다.

어떤 지식도 그 끝없는 경이에 **답이 되지 못하며**, 침묵의 도전을 막아서지 못한다. 경이가 우리를 사로잡는 순간 우리의 이성이 내놓는 모든 추론은 초라하게 뒷걸음치며 물러나고 삼단논법도 자명한 설명이 되지 못한다. 오직 통찰만이 그것을 포착한다. 그러한 순간 우리의 논리적 확신, 우리의 '예'들은 영원의 바다에 떠 있는, 곧 스러지고 말 생각의 거품처럼 보인다. 그때에야 우리는 '우리는 무엇을 알 수 있는가? 하나님을 어떻게 우리 마음에 담을 것인가?'가 아니라 '우리는 누구에게 속해 있는가? 어떻게 우리의 삶을 그분께 열 수 있을까?'가 우리의 관심사여야 함을 깨닫는다.

경이로움이 우리를 낚아챌 때, 우리는 더 이상 나 자신을 주장하지도, 그것을 우리의 성취인양 여기지도 않게 된다. 우리는 그 근본적인 놀라움에 전율하는 것이 자신의 힘이 아님을 깨닫는다. 그리고 더 이상 멀찍이 떨어져서 이 세상을 분석하는 관찰자, 대상을 연구하는 주체, 천둥소리를 분석해 원인을 파악하는 탐구자의 자리에 설 수 없게 된다. 궁극의 경이는 호기심과 다르다. 호기심은 지식에 이르려는 마음의 상태이지만 궁극적 경이는 지성이 마음을 찾아오는, 곧 하나님의 생각이 영혼을 찾아오는 상태다.

우리 삶에서 결정적인 순간은 완전한 절망의 순간, 자기 내면의 고갈 상태를 받아들인 순간이 아니다. 외려 우리의 영적 능력을 깨닫는, 부서진 세상을 치유할 능력을 깨닫는 순간, 우리가 하나님의 물음에 응답할 수 있음을 아는 순간에 우리의 삶이 달려 있다.

근본주의자들은 모든 궁극적 물음에 답이 있다고 **주장**하고, 논리적 실증주의자(logical positivists)들은 모든 궁극적 물음이 무의미하다고 주장한다. 그러나 그 두 확신 사이에 서 있는, 전자의 오만함과 후자의 무신경함 모두를 받아들이지 않는, 허울만 그럴싸한 답도 기만적인 회피도 거부하는 이들이 있다. 이들은 저 궁극적 물음에 우리 존재가 걸려 있으며 그 의미가 인간이 내놓을 수 있는 모든 완전한 이론을 능가한다는 것을 안다. 여기에 이들의 당혹감이 있다. 그리고 우리는 그 곤혹스러움에서 출발한다.

형언할 수 없는 것에 대한 감각, 곧 삶의 장엄함과 신비에 대한 경외심은 우리 모두의 것이다. 그것을 깊이 감각하는 곳에서 종교적 사유도, 종교적 행위도 온전한 의미를 갖는다. 그 신비가 '문제'로 다가올 때 비로소 종교적 사유가 '답'이 된다. 이를 실용적 사유의 수준으로 끌어내려 과학적인 문제에 대한 해법을 찾듯, 문자 그대로의 의미를 추구하면 끝내 그 사상은 의미를 잃고 만다.

그렇기에 유대교의 기본 사상은 한 차원에만 머물지 않고 언제나 신비를 가리킨다. 이를 단순한 사실 묘사로 받아들이면 그 전체가 왜곡되고 만다. 예컨대 인간이 하나님의 형상으로 창조되었다는 사상, 창조 사상, 거룩한 지식, 이스라엘을 선택했다는 사상, 악의 문제, 메시아사상, 부활 신앙, 계시에 대한 믿음 모두를 속된 사유의 범주에 가두면 이 사상은 희화화되고 말 것이다.

모세는 세상을 떠나기 직전에 이렇게 기도했다. "우주의 주님, 내가 죽기 전에 하늘과 심연의 문이 모두 열려 사람들이 오직 주님만 계심을 보게 해 주소서"(신명기 랍바 11:8). 그러나 모세의 청은 받아들여지지 않았고 문들은 닫힌 채로 남아 있다.

경외는 모든 실재와 신비가 친밀하게 이어지는 **길이다.** 우리가 동료 인간 앞에 선 때에 느끼거나 느껴야 마땅한 경외는 감춰져 있는 하나님의 형상, 그 본질을 직관으로 감각하는 데서 오는 마음이다. 인간뿐 아니라 므생물조차도 창조주와 관계를 맺고 있다. 모든 존재가 피조물로서의 존엄을 지닌다는 것, 그들이 하나님께 지극히 소중하다는 것에 대한 직관, 사물이 그 모습 그대로 의미 있을 뿐 아니라 모든 사물이 무언가 절대적인 것을(비록 그것과 거리가 아주 멀더라도) 가리키고 있음에 대한 깨달음. 경외는 그러한 직관을 품고 있다. 경외하는 이는 모든 존재가 사물 너머에 계신 그분을 가리키고 있음을 느낀다. 경외는 초월성에 대한 감각이며, 그 통찰을 실어 나르는 것은 말보다는 태도이다. 말로 경외를 표현하려 할수록, 경외의 깊이는 더욱 얕아진다.

한 대상을 평가하거나 분석할 때 거기에는 특정한 관점이 생긴다. 심리학자와 경제학자와 화학자는 같은 사물도 다른 측면에서 주목한다. 인간의 정신은 건물의 세 면을 한꺼번에 볼 수 없다. 그런 인간이 하나의 관점에 완전히 사로잡혀 부분을 전체로 여기려 하면 문제가 발생한다. 그처럼 퇴락한 관점은 어느 한 부분도 온전히 보지 못한다. 그는 자신이 본다고 믿는 그 부분조차 왜곡시킨다. 분석으로는 이해할 수 없는 '그것'을 우리는 경외 속에 자각한다. '멈추어 서서 바라볼 때' 우리는 그것을 본다. 우리가 분석에 매이지 않는 자유로운 실재를 마주하고 목도하는 것은 그러한 때다.

지식은 호기심에서 자라나지만, 지혜는 경외에서 자라난다. 참된 지혜는 하나님의 지혜에 참여하는 것이다. 어떤 이들은 지혜를 비범한 상식이라 여길지 모르나 우리에게 지혜는 모든 것을 하나님의 관점에서 바라보는 능력, 하나님의 열정에 공감하는 마음, 하나님의 의지와 일치된 의지를 일컫는다. "나 주의 말이다. 너는 이렇게 전하여라. '사람의 시체가 들판에 거름 더미처럼 널려 있다. 거두어 가지 않은 곡식단이 들에 그대로 널려 있듯이, 시체가 널려 있다.' 나 주가 말한다. 지혜 있는 사람은 자기의 지혜를 자랑하지 말아라. 용사는 자기의 힘을 자랑하지 말아라. 부자는 자기의 재산을 자랑하지 말아라"(렘 9:22-23).

첫눈에 반하는 신앙 같은 것은 없다. 나비처럼 날아든 신앙은 덧없이 날아가 버린다. 쉬이 믿는 이는 쉬이 잊는다. 신앙은 무에서, 무심코, 준비 없이, 공짜로 생겨나지 않는다. 신앙에 앞서 우리는 경외를, 이해할 수 없는 채로 감지되는 모든 것 속에 있는 경이로움을 경험한다. 홍해 이야기에도 이런 장면이 나온다. "이스라엘은 이집트를 치신 주님의 크신 권능을 **보고** 주님을 **두려워하고**, 주님과 주님의 종 모세를 **믿었다**"(출 14:31). 우리는 '매일 우리와 함께하는 기적'을 보는 법을 배워야 한다. 경외 속에 사는 법을 배워야 한다. 그렇게 우리는 신앙의 통찰에 이른다.

"어수룩한 사람은 모든 말을 다 믿지만, 슬기로운 사람은 행동을 삼간다"(잠 14:15). 믿으려는 욕구는 힘을 향한 욕구를 감추는 가면일 수 있다. 그러나 실상 힘을 향한 욕망과 신앙을 향한 소원은 양립하지 못한다. 힘을 갈구하는 우리는 하나님께 속한 것을 찬탈하려 하고, 그분의 임재를 주장하는 목소리를 억압한다. 우리는 그분의 뜻을 우선시하는 법을 배워야만 한다. 우리는 신앙이 우리의 관심이자 그분의 관심임을 이해해야 하며, 믿고자 하는 우리의 의지보다 그분의 의지가 더 중요함을 알아야 한다.

신앙에 이르는 길은 쉽지 않다. 의지로 결단하고 믿고자 욕망하는 것으로 신앙을 가질 수는 없다. 신앙에 걸맞은 감각, 신비에 대한 감각은 일평생 계속해서 깊어져야 한다. 신비에 무심해지는 것이 우리 앞에 놓인 가장 큰 장애물이다. 자만심과 자기만족이라는 인위적인 빛은 결코 우리에게 그 장엄함을 보여주지 못한다. **오직 그분의 빛 안에서만 우리는 빛을 볼 수 있다.**

하나님을 향한 인간의 추구는 단순한 정보에 대한 추구가 아니다. '정보의 언어'로는 그처럼 많은 이들이 답을 찾으려

혹독할 만큼 애를 써도 얻는 것이 거의 없다. 그러나 '응답의 언어', 곧 질문하시는 분께 응답하는 언어는 많은 것을 얻게 하고, 많은 것을 이루게 한다. 과학의 영역에서는 한 사람이 묻고 한 사람이 모든 이를 대신해 답하는 게 가능하다. 그러나 종교의 영역에서는 각자의 영혼이 그 물음과 마주하고 또 응답해야 한다.

예언자는
하나님이
우리를
돌보심을

보여준다.

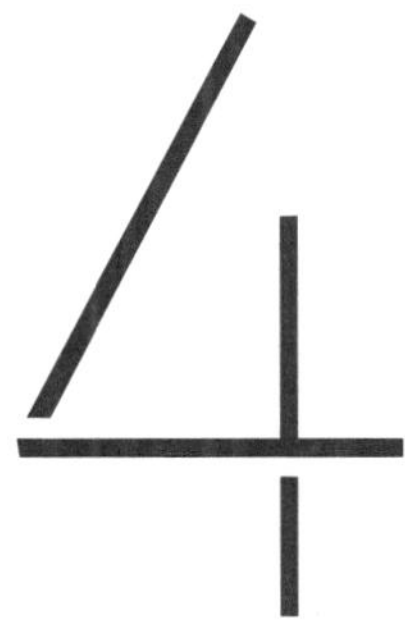

✕

**예언자의 시선을 가진 이에
게는** 모두가 눈먼 자로 보인다. 하나님의 음성을 듣는 이들에
게는 모두가 귀먹은 자로 보인다. 완전히 의로운 사람은 없
고 절대로 확실한 지식도 없으며 완전하고도 충분한 믿음도
없다. 예언자는 근사치를 미워하며 타협을 거부한다. 구렁텅
이를 피하려면 인간은 반드시 산 정상에 살아야 한다. 그곳에
는 하나님 외에 붙들 수 있는 게 없다. 사람의 길을 곧게 하라

는 도전과 요구를 받은 예언자는 다른 이들의 눈에 이상한, 치우친, 견디기 힘든 극단주의자로 보인다.

다른 이들은 무한한 우주 속에 홀로 덩그러니 남겨진 공포에 시달리나, 예언자는 하나님의 임재와 그 거룩한 장엄함에 압도된다. 그에게 세계는 외따로 떨어진 장소가 아니다. 하나님과 인간이 관계를 맺고 있으며 이를 무시하는 것은 오만의 발로이다. 고립이란 허상에 불과하다.

신앙이 본래 사유에서 비롯된 것이라면, 그는 반드시 그 사상에 순복해야 할 것이다. 하지만 성서는 하나님의 실재가 먼저였다고 말한다. 그러므로 여기에서는 그분의 살아 계심에 부합하는 삶을 사는 것이 인간의 과제가 된다. 인간이 있고 또 하나님이 계신 것, 그리고 둘의 공존이 역사가 흐르는 길을 결정한다.

예언자는 하나님의 임재를 일종의 위안이자 안전장치로만 여기는 이들을 경멸한다. 그에게 그것은 도전이며 집요한 부름이므로. 하나님은 자비로우나 타협하지 않으시며 정의로우나 무정하지 않으시다. 예언자의 예측은 인간의 어떠함 때문에 틀릴 수 있지만 하나님이 자유로우시다는 확신은 변치 않는다.

예언자의 말은 어두운 밤에 외치는 절규다. 세상이 편안히

4. 예언자는 하나님이 우리를 돌보심을 보여준다.

잠들었을 때도 예언자는 하늘로부터 불어오는 강한 바람을
느낀다.

예언자는 파수꾼(호 9:8), 종(암 3:7; 렘 25:4-5), 주님의 특
사(학 1:13) 백성을 시험하는 자(렘 6:27), "내가 하는 말을 듣
고 나를 대신하여 그들에게 경고"하는 자(겔 3:17)로 불린다.
예언자의 눈은 그가 살아가는 현실을 향하며, 사회와 당대의
행실이 그 설교의 주제다. 그러나 그의 귀는 하나님 쪽으로
치우쳐 있으며, 그분의 영광과 임재에 사로잡혀 있다. 하나님
의 손이 그를 압도하신다. 그의 진정한 위대함은 하나님과 사
람을 하나의 사유 속에 함께 담을 수 있다는 데 있다.

점술가의 영적 지위가 동료 인간보다 높을 수 있고 사회의
다른 구성원들보다 더 귀하게 여겨질 수도 있다. 그러나 점술
가를 예언자와 혼동하지 않아야 한다. 그의 우월성은 개인의
탁월성에 기반하고 있다. 이와 달리 예언자는 구성원들보다
돋보이는 개인이 아니다. 그의 특별한 부름은 그가 속한 공
동체를 넘어 여러 민족과 나라, 그 너머에까지 닿는다. 그의
우월성을 가늠하는 눈금자는 보편성이다. 그러니 '카리스마'
란 단어는 그의 비범함을 묘사하기어는 부적절하다.

예언자는 단순한 전령 이상이며, 그는 그 사실을 안다. 그

는 하나님을 섬기는 자(렘 15:19), "주의 회의에 들어" 온 자(렘 23:18)다. 그가 아는 바대로 그는 하나님의 회의에 참여하는 자이지 심부름만 하는 전령이 아니다.

예언자가 전하는 말은 휴가지의 기념품이나 과거에 대한 회상, 뉴스 보도, 전해 들은 이야기가 아니다. 예언자는 전할 뿐 아니라 드러낸다. 그는 하나님이 그에게 행하신 일을 다른 이들에게 행한다. 예언자는 그의 말로 하나님을 드러낸다. 이것이 예언자가 하는 일의 경이로운 점이다. 그의 말을 통해 보이지 않으시는 하나님이 '들린다.' 그는 입증하거나 논증하지 않는다. 그의 사유는 언어가 담을 수 있는 것 이상을 실어 나르기 때문이다. 하나님의 능력이 그의 말 속에서 터져 나온다. 예언자의 권위는 그의 말이 드러내는 하나님의 임재에서 온다.

아브라함의 하나님이 존재한다는 사실을 입증할 증거는 없다. 그것을 목도한 증인이 있을 뿐이다. 예언자도 그렇다. 예언자가 표현하는 사유 너머 그의 경험과 시간 속에 위대함이 깃든다. 즉 예언자는 증인이며 그의 말은 증언이다. 그는 하나님의 힘과 심판, 정의와 자비를 증언한다.

예언자가 하는 경험의 핵심은 무엇인가? 그의 정신에는 어

4. 예언자는 하나님이 우리를 돌보심을 보여준다.

떤 생각이 지체 없이 깃들고, 어떤 동기에서 그것을 증언하는가? 무엇이, 어떤 사실이 그의 정신을 그토록 깊이 흔드는가? 사람들 또는 국가의 운명과 미래에 대한 불안인가? 애국심의 충동인가? 도덕규범을 위반하는 것에 개인적인 분노를 느끼는 것인가? 악에 대한, 잘못에 대한 양심의 반응인가?

재난의 때에 예언자의 말씀이 찾아온다. 하나님과 인간 사이에 긴장이 있는 때에. 예언자의 말은 무슨 뜻인가? 그는 무엇을 느끼는가? 예언자는 단순히 책망하고 고발하는 자일 뿐 아니라 옹호자이며 위로자기도 하다. 하나님과 인간 사이에 긴장이 있을 때 그가 취하는 태도는 실로 이중적이다. 하나님 앞에서는 백성의 편을 든다. 그러나 백성 앞에서는 하나님 편에 선다.

예언자가 그저 객관적인 '제삼자'의 자리에서 하나님과 인간 사이를 화해시키고 중재하는 자라는 뜻이 아니다. 그의 시선은 비스듬하다. 즉 하나님을 초점으로, 그분 안에서 반사되는 세상을 본다. 실상 예언자적 사유란 하나님의 초점 안에서 세상을 보는 것이다. 그의 과제는 그곳에 있다. 그는 사물과 직접 만나지 않는다. 즉, 주체와 객체가 직선으로 이어지지 않는다. 예언자는 하나님을 거쳐 사물에 이르며, 예언자와 사물, 하나님은 삼각형을 이룬다. 그가 순전히 개인적인 감정을 오롯이 드러내는 일은 드물고, 예외적이다. 예언자는 "나는 그것을 사랑한다. 나는 그것을 미워한다"가 아니라 "하나님이 그것을 사랑하신다. 하나님이 그것을 미워하신다"라고 말할 수 있다. 그에게는 그러한 통찰이 주어진다.

예언자는 시대와 무관한 규범으로 사람을 심판하지 않는다. 그는 하나님의 관점으로 판단한다. 예언은 백성에게 일어날 일뿐 아니라 하나님에게 일어난 일을 선포하며 인간사를 향한 그 심판은 하나님이 연루된, 그분의 상황이기도 하다. 여기서 죄란 법률 위반에 국한되지 않는다. 그것은 인간뿐 아니라 하나님에게도 손실이다. 하나님은 그 예언에서 관찰자가 아니라 참여자이시다. 하나님과 인간은 인간의 행위 안에서 신비롭게 만난다. 예언자는 하나님을 생각하지 않고는 인간에 대해 말할 수 없다.

그러므로 예언자의 말은 그저 사실을 선언하는, 객관적인 비평이 아니다. 냉정한 파멸 선포도 아니다. 법적이고 객관적인 선언은 예언자에게는 낯설다. 그가 하나님이 역사 속에서 내리는 결정뿐 아니라 그분의 내적 동기와 이어져 있기 때문이다. 그렇기에 그는 그저 하나님의 심판만을 전하지 않고 **하나님의 파토스**(pathos)를 드러낸다. 예언자의 글은 하나님의 사랑과 실망, 자비와 분노의 메아리로 가득하다. 이스라엘의 하나님은 결코 비인격적이지 않다.

이 하나님의 파토스는 영감 어린 예언자의 열쇠이다. 하나님은 인간의 삶에 관여하고 개입하신다. 이스라엘과 하나님 사이는 인격적 관계로 묶여 있다. 하나님과 한 민족의 일이 서로 얽혀 있다. 하나님의 계명은 인간을 향한 단순한 권고 사항이 아니라 하나님의 관심, 그분이 인격적으로 관심을 두고 계신 것의 표현이다. 그것이 인간사에서 실현이 되든 거부되든 그렇다. 하나님의 반응(암 6:9; 렘 5:9; 51:14), 사랑과 자비, 실망과 분노의 모습으로 나타나는 반응은 하나님의 내면의 깊이를 강렬하게 전달한다.

인류는 자유를 남용하다 실패하고 비이성적인 행위를 자행한다. 그곳이 **예언자의 성찰이 시작되는** 자리다. 그리고 그의 사유는 모든 역사를 초월해 계신 하나님을 향한다. 인간이 만들어 가는 역사만이 역사의 전부가 아니다. 하나님의 파토스와 그분의 심판은 그러한 역사를 넘어선다. 그러한 차원에서는 위대한 정복자들조차 그분의 신비로운 도구일 뿐이다. 인간에게는 선택권이 있으나 주권(통치권)이 없다.

역사는 무의미하고 건조한 사실들의 모음이 아니다. 그것은 하나님과 인간의 관계가 펼쳐지는 드라마다. 드라마의 무대는 시간이며 광대한 인간사가 그 드라마의 일부다. 드라마 속에서 격렬한 전투가 벌어지고 있다. 인간은 주제넘게도 자신의 독선 속에서 하나님을 무시하고, 거역하며 역사를 제 식으로 빚으려 한다. 예언자들은 그 인간의 비참을, 곧 하나님이 견디시고 참아내시는 그 악을 함께 견디며 목도한다. 그러나 하나님이 인간과 씨름하시며 하나님이 패배하시는 곳이자, 그분의 심판이 이루어지는 곳, 그분의 왕권이 확립되는 곳이다. 천사들이 "하나님의 영광이 충만하다"라고 노래한 곳은 공간 그 자체이지, 역사의 영역이 아니다. 역사 속에는 그분의 영광이 조금 흩뿌려져 있을 따름이다.

파토스의 신학은 인간의 궁극적 문제를 이해하는 방식을 변화시킨다. 예언자는 인간이 처한 상황을 그 자체로만 보지 않는다. 인간의 곤경은 곧 하나님의 곤경이며, 하나님이 그 상황에 연루되신다. 죄와 죄책, 고통은 하나님의 상황과 분리될 수 없다. 죄된 삶은 인간의 실패 이상이다. 그것은 하나님의 좌절이기도 하다. 하나님으로부터 분리된 상태는 인간의 궁극적 실재가 아니다. 오히려 하나님의 파토스, 곧 하나님이 인간의 곤경에 참여하신다는 사실이 근원적 실재이다.

그러므로 파토스를 심리적인 의미, 영혼의 상태로 이해해

4. 예언자는 하나님이 우리를 돌보심을 보여준다.

서는 안 된다. 파토스는 본질상 신학적 개념이며 하나님이 역사에 관여하신다는 의미로 이해해야 한다. 그분이 이스라엘과 약혼하셨고, 그 운명에 관여하신다. 이 통찰의 심오한 깊이는 하나님의 신비와 초월을 자각한 예언자들의 시선, 그들의 빛 속에서라야 온전히 느껴진다. '하나님의 파토스'는 역사를 성서적으로 이해하는 데서 핵심이다. 창조에서 인간이 '하나님의 형상'이라는 개념만큼이나 그러하다.

성서 저자는 하나님과 인간의 관계 속에 역설이 자리하고 있음을 알고 있었다. "그렇습니다. 하늘과 하늘 위의 하늘, 땅과 땅 위의 모든 것이 다 주 당신들의 하나님의 것입니다. 그런데 주님께서는 오직 당신들의 조상에게만 마음을 쏟아 사랑하셨으며, 많은 백성 가운데서도 그들의 자손인 당신들만을 오늘 이처럼 택하신 것입니다"(신 10:14-15).

역사 속에서 예언적 사유만큼 인간을 진지하게 다루는 사유는 없었다. 사람은 하나님의 형상일 뿐 아니라 그분이 끊임없이 관심을 기울이시는 대상이다. 파토스 신학은 인간 존재에 새로운 차원을 더한다. 인간의 행동은 자신의 삶에 영향을 미칠 뿐만 아니라 하나님께도 영향을 미친다. 그에게 영향을 미치는 만큼 하나님께도 영향이 간다. 그토록 인간이 중요하다. 인간은 순전한 창조물 이상이다. 그는 하나님의 동반자이며 협력자이고 그분 현존의 한 요소다.

우리는 하나님의 분노, 그분의 거친 감정 표출에 **당혹스러워한다.** 이는 현대인 특유의 성향, 곧 영적 장엄함에 대한 감각이 사라진 데서 기인한다. 현대인은 '영적인' 것을 천상적이고 고요하며 온화한, 미약한, 감지할 수 없는 무언가로 여긴다. 아름다움에는 반응하면서도 장엄함은 못 견뎌 한다. 부드러운 종교에 감응하면서 하나님을 사랑스럽고 부드럽고 친근한 분이라 생각하기를 좋아한다. 신앙을 위로의 원천으로 여기며 그것이 순교의 각오를 요구하지 않는 양 취급한다.

우리의 눈에 하나님은 혹독한 징계로 백성을 위협하는 분, 분노를 자제하지 못하는 분으로 보인다. 그러나 그것은 인류가 저지르는 실패의 엄중함이나 악인이 초래하는 고통에 우리가 둔하기 때문이다. 고통 속에 정의를 요구하는 이들을 비웃는 악에 무감각한 것은 우리다. 사면해 주는 잔인함이 있듯 체벌을 내리는 연민도 있다. 사랑에 굴복하지 못하는 이들은 엄격함으로 길들여야 한다.

이 세상에서 일어나는 범죄를 그저 하나의 사건으로, 가난한 이들의 절규를 통상 들리는 소리로 보는 이들은 예언자의 하나님을 엄격한 분, 변덕스럽고 이해할 수 없는 분, 기댈 수

4. 예언자는 하나님이 우리를 돌보심을 보여준다.

없는 분으로 묘사할 것이다. 그러나 하나님을 생각하는 이는 타인의 고통에 결코 그처럼 무관심할 수 없다.

사랑보다 더 달콤한 것은 없다. 그러나 사랑이 제 기능을 하기 위해서는 연민을 어느 정도 억누를 필요가 있다. 외과 의사가 상처에서 피가 흐르는 모습에 저절로 솟아나는 연민에 함몰되면 수술에 실패하고 말 것이다. 생명을 구하기 위해서는 그 감정을 억누를 필요가 있으며, 치유를 위해 그는 상처를 내야만 한다. 진정한 사랑과 진정한 자비를 순전한 감정에 빠지는 것, 감정의 과잉, 흔히들 말하는 감상주의와 혼동해서는 안 된다.

하나님과 인간의 관계, 그 속성을 하나로 설명할 수는 없다. 하나님의 본성은 정의이기에 인간의 악한 행위에 눈감은 그런 사랑은 그분의 본성을 거스른다. 그러나 인간을 향한 하나님의 관심 때문에 그분의 정의는 자비로 누그러진다. 그분의 거룩한 분노는 사랑의 대조항이 아니라 사랑의 짝이며, 조력자다. 참사랑은 정의를 요구한다.

감상주의는 종국에 진리와 정의가 쇠약해지는 데서 마친다. 거룩한 분노는 하나님의 진리와 정의를 더욱 강하게 한다. 오직 분노만이 악을 이길 수 있는 역사의 순간이 있다. 온유함과 친절이 실패한 자리에서 분노가 선포된다.

악이 실재하며, 강력하고, 매혹적이기까지 하다는 사실보다 **좌절스러운 사실**은 악이 선으로 위장하고서 번성하며, 거룩한 삶조차 그 악에 양분을 주게 되고 만다는 점이다. 이 세계에서는 거룩함과 불경함이 서로 분리되지 않은 채로 섞여 있고, 서로 관계를 맺고 있으며 혼란스럽게 보이기까지 한다. 우상에게 아름다움이 넘칠 수 있고, 하나님을 예배하는 일조차 악에 물들 수 있는 곳이 이 세상이다.

이스라엘의 예언자들이 고발한 것은 종교의 부족이 아니라 종교의 왜곡이었다. "에브라임이 죄를 용서받으려고 제단을 만들면 만들수록, 늘어난 제단에서 더욱더 죄가 늘어난다"(호 8:11). "제사장들은 나 주가 어디에 있는지를 찾지 않으며, 법을 다루는 자들이 나를 알지 못한다"(렘 2:8). 위대한 사람일수록 더욱 죄에 노출된다. 경건조차 때로는 악을 감추는 가면이 되고, 권력을 추구하는 도구가 된다.

그럼에도 이 세계에는 하나님의 상징으로 여김직한 **무언가가 여전히 존재하고 있다**. 그것은 성전도, 나무도, 어떤 조각도, 별도 아닌 인간이다. **사람, 모든 사람**이 하나님의 상징이다. 하나님이 그분의 형상(Tselem)대로 인간을 창조하셨고 또한 그분을 닮게(demuth) 창조하셨다. 성서에서 형상은 인

---

4. 예언자는 하나님이 우리를 돌보심을 보여준다.

간이 만든 하나님의 형상을 저주하는 데 사용되곤 하지만, 이 사야가 "하나님을 누구와 같다 하겠으며, 어떤 형상에 비기겠느냐?"(사 40:18)라며 이 두 단어를 함께 사용했다는 점은 의미심장하다.

인간의 삶은 거룩하다. 그것은 토라의 두루마리보다도 거룩하다. 이 거룩함은 인간이 성취해 낸 것이 아니라 하나님께 받은 선물이다. 자격을 얻어서 획득한 것이 아니다. 그러므로 사람은 만왕의 왕을 닮은 존재로 마땅히 존엄한 대우를 받아야 한다.

성서가 인간의 약함이나 악함을 몰랐던 것은 아니다. 인간의 신성함은 그가 무엇을 했느냐가 아니라 그가 누구이냐에 달려 있다. 성서는 모세나 다윗과 같은 이들, 그 모든 왕과 예언자들의 실패와 결점들을 아주 솔직하게 기록하고 있다. 그럼에도 성서 전통은 인간의 영혼뿐 아니라 그의 육체까지도 하나님의 형상이라고 말한다. 사형당한 범죄자의 시신까지도 경외심으로 다루는 이유가(신 21:23) 여기에 있다. "사람의 피를 흘리는 자는 하나님의 형상을 훼손하거나 파괴한 것으로 간주된다"(출 20:16, 메킬타[Mekilta] 주석).

한 사람 혹은 특정 민족만이 하나님의 형상인 것이 아니라 모든 사람이 하나님의 형상이다. 그러니 이 '하나님의 형상'이라는 이유로 인간이 인간을 숭배하게 될 위험은 전무하다. 비범하고, 평범한 것들과는 '다른' 것들만이 숭배의 대상이 되기 때문이다. 우리는 모두 이 신성한 형상을 공유하고 있다.

이는 성서가 말하는 '경건'에서 매우 중요한 개념이다. '경건'이 담고 있는 의미를 한마디로 요약하기는 어렵다. 하나님을 향한 경외심은 인간을 향한 경외심에서, 우리가 사람을 대하는 모습에서 드러난다. 우리는 사람에게 상처를 주거나 해를 끼치는 일을 두려워해야 한다. 그 두려움은 하나님을 두려워하는 마음만큼이나 '지고의 두려움'이어야 한다. 폭력적인 행동은 곧 신성 모독이며, 사람을 향한 거만함은 하나님을 향한 모욕이다.

사람이 '하나님의 형상'이라는 것은 '인간에게는 (다른 동물에게는 없는) 이성이 있고, 언어가 있다'는 의미가 아니다. 사람의 거룩함은 그와 같은 소유에 있지 않다. 오히려 그의 잠재력은 장차 그가 될 수 있는 존재에 있다. 사람은 하나님이 거룩하듯 거룩해질 수 있다. 그와 같은 잠재력이 있다. 그러니 그분이 행하시듯 자비와 사랑으로 행하는 것, 그분을 모방하는 것이 우리 안에 있는 '하나님의 형상'을 고양하는 길이다. 사람은 자신이 숭배하는 대상을 닮아간다. "거룩하신 분(복되시도다)께서 말씀하셨다. 나처럼 행하는 자는 나처럼 될 것이다.”라는 말씀을 기억해야 한다.* 랍비 벤 하마는 “우상 숭배자들이 그들의 우상을 닮는다면(시 115:8), 하물며 주님의 종은 더욱 그분을 닮아야 하지 않겠는가.”라고 일갈한다.

하지만 그 ‘하나님 닮음’은 더럽혀지고, 왜곡되고, 상실될 수 있다. 유대의 상징주의는 이 점을 고려하는 맥락에서 논의되어야 한다. 인간의 목표는 그 ‘닮음’을 인식하고 보존하거나 적어도 그 왜곡을 막는 데 있다.

그러나 인간은 이에 실패한다. 그 결과는 무엇인가? “내가 내 형상을 닮게 했으나 그들이 죄로 그것을 뒤엎어 버렸다”(모에드 카탄 15b). 이것이 하나님의 말씀이다.

그 닮음은 거의 사라져버렸다. 오늘날 ‘인간은 하나님의 형상’이라는 사상만큼 현실과 동떨어진, 그럴듯한 면이라고는 없는 사상도 없다. 인간은 자신이 누구를 나타내는지, 나아가 자신이 누군가를 **나타낸다는 것**조차 잊어버렸다.

희망은 단 하나뿐이다. 미드라쉬는 신명기 1:10을 이렇게 해석한다. “보라. 오늘날 너희는 하늘의 별과 같으나, 장차

---

* 성서를 그대로 인용한 것은 아니고 하나님의 형상에 대해 유대교 전통이 풀어내는 표현을 헤셸이 인용한 것으로 보인다.—옮긴이

너희는 너희 주인을 닮게 되리라”(신명기 라바 1:10).
하나님의 형상은 부서졌다. 그러나 아직 완전히 파괴되지
는 않았다.

4. 예언자는 하나님이 우리를 돌보심을 보여준다.

하나님은
정의를
요구하신다.

어떤 의미에서 예언자의 소명은 스스로를 변호하지 못하는 이들, 자기 사정을 호소할 힘조차 없는 이들을 위한 옹호자 혹은 대변자가 되는 것이다. 실상 예언자는 **개입**하는 자다. 그는 타인에게 부당한 일이 가해질 때 이에 항의하고 자신들과는 상관도 없고 그들의 책임도 아닌 일에 참견한다. 현자는 자기의 삶에 집중하는 사람이다. 그들은 자기와 무관한 일에는 거리를 두고, 특히 권한 밖의 일에 대해서는 더욱 그렇게 한다. 그러나 예언자는 과부와 고아들을 대신해 변론한다. 그들이 예언자에게 그런 일을 위임한 적은 없다. 그럼에도 그는 그렇게 한다. 예언자는 타인에게 벌어지는 불의한 일에 참지 않고 나서고, 타인이 입는 상처에 분노한다.

애초에 하나님을 예배하는 일을 본질로 삼는 **종교가 왜** 그토록 정의를 강조하는 것일까? 도덕에만 몰두하다 하나님께 드리는 직접적인 헌신을 놓치는 건 아닐까? 정의와 같은 세속의 덕목이 어째서 이스라엘의 거룩하신 분께 그토록 중요한가? 혹시 예언자들이 정의의 가치를 과대평가했던 것은 아닐까?

아마 답은 여기에 있을 것이다. '정의'는 그저 여러 가치 중 하나가 아니다. 오히려 인간의 삶에서 하나님께 속한 영토이자 **인간의 역사에서 하나님이 갖고 계신 지분**이다. 그것은 인간의 고통이 하나님의 양심에 남긴 얼룩이다. 진실로 사람과 사람 사이의 관계에 하나님의 존재가 걸려 있다. 따라서 인간의 악행과 수치는 우리 상상을 훌쩍 뛰어넘는 악이다. 사람들은 멋대로 행동하고 추악한 짓을 하며 약한 이들을 학대한다. 자신들이 하나님에게 맞서고 있다는 것도, 신성 모독을

하고 있다는 것도, 인간을 압제하는 일이 곧 하나님을 모욕하는 일이라는 사실도 모른 채 말이다.

> "가난한 사람을 억압하는 것은 그를 지으신 분을 모욕하는 것이지만, 궁핍한 사람에게 은혜를 베푸는 것은 그를 지으신 분을 공경하는 것이다"(잠 14:31; 17:5 참조).

우주는 완성되었다. 그러나 더 위대한 걸작, 아직 완성되지 않은, 여전히 창조 중인 걸작이 있다. 그것은 역사다. 그 위대한 설계를 완성하려면 인간의 도움이 필요하다. 사람은 하나님의 도구이며, 또한 하나님의 도구를 지녔다. 그 도구는 하나님의 위대한 설계와 조응할 수도, 그렇지 않을 수도 있다. 삶은 진흙이며, 정의는 하나님이 역사를 조형하고자 하는 거푸집이다. 그러나 인류는 그 진흙을 조형하는 대신 그 틀을 망가뜨리려 한다.

이 세계는 부당함과 불의, 우상숭배로 가득하다. 사람들은 짐승을 제물로 바치고 사제들은 향을 피운다. 그러나 하나님은 자비와 정의를 원하신다. 그 소원은 성전에서, 공간에서 채워질 수 없으며, 오직 역사와 시간 속에서만 성취될 수 있다. 하나님은 인간에게 사명을 부여하시고, 그 사명은 역사라는 영토 위에서만 실현된다.

정의는 고대의 관습도, 인간이 만들어 낸 관례도, 여러 가치 중 하나도 아니다. 정의는 하나님으로부터 온, 하나님의 마음이 담긴 하늘의 요구다. 정의는 사람 사이의 관계일 뿐 아니라 하나님이 참여하시는 **행동**이며 하나님의 갈망이다.

공평은 하나님의 줄자이며 공의는 하나님의 저울이다(사 28:17 참조). 정의는 그분의 길 중 하나가 아니라 그분의 모든 길이며, 온 우주를 관통할 뿐만 아니라 영원히 유효하다. 사람의 의지나 경험은 거기에 어떤 영향도 미치지 못한다. 사람들은 정의를 하나의 미덕으로 여기며, 정의에 어떤 명예와 보상이 따라야 한다고 믿고, 옳은 일을 할 때는 사회에 뭔가 호의를 베푼다고 여긴다. 그러나 숨을 쉬는 행동에 보상을 기대하지 않듯 정의 역시 그렇다. 정의는 호흡만큼이나 필수 불가결한, 언제나 이어져야 하는 실천이다.

정의에 집요하리만큼 사로잡혀 불의를 규탄하는 예언자들의 격렬한 열정은 하나님의 파토스(pathos)에 대한 감응에서 비롯된다. '하나님이 역사 속에 개입하신다.' 예언자들은 바로 이 사실을 으뜸에 두고 사유한다. 그들의 사유는 역사의 현장을 떠나지 않는다. 사회에 대한 책임감이 그들을 움직이고, 지금 이 시대가 요청하는 바에 민감하게 반응한다.

예언자들은 도덕률을 대리하는 자가 아니다. '정의(mish-pat)를 선포하는 자'라는 묘사도 부적절하다. 오히려 하나님의 파토스를 선포하는 자, 정의의 개념이 아니라 정의를 향한 '하나님의 관심을 선포하는 자'라고 보는 편이 온당하다. 그분의 관심을 기억하며 그분의 마음과 합하는데 예언의 본질이 있다.

성서적 사고에서 선함이란 자비를 함축한다. 이 세계를 향한 하나님의 관심인 파토스가 바로 하나님의 에토스(윤리) 그 자체다. 예언자들은 이러한 하나님의 **윤리적 감수성**—객관적인 규칙, 도덕 자체가 아니라 그분의 마음—을 선포한다. 예언자의 도덕은 하나님의 명령과 하나님의 관심이라는 두 기둥 위에 서 있다. 그 도덕법이 합리적이기 때문이 아니라 하나님이 그것을 요구하셨고, 그것의 실현이 곧 하나님의 관심을 실현하는 것이라는 사실이 궁극적인 호소력을 갖는다.

예언자는 격렬하게 느끼는 사람이다. 하나님이 그의 영혼에 짐을 지우시고, 그는 인간의 사나운 탐욕 앞에 짓눌리고 좌절한다. 인간의 고통은 무시무시하며 어떤 목소리도 그 공포를 온전히 담아낼 수 없다. 예언은 침묵하는 고통에게 하나님이 빌려주신 목소리, 약탈당한 가난한 이들의 목소리, 이 세계의 더럽혀진 풍요에 대한 목소리다. 예언은 삶의 형태이자, 하나님과 인간이 만나는 교차점이다. 하나님은 예언자들의 말 속에서 분노하신다.

예언자들의 영혼은 평온함을 모른다. 이 세계의 비참은 그를 쉬지 못하게 한다. 다른 이들이 무감각하고 자신의 무감각함에 대해서조차 무감각할 때, 자신들의 둔감함을 자각하지 못할 때도, 예언자들은 끝내 악을 참지 못하는 자로 남는다. 그들은 힘에도, 어떤 찬사에도 흔들리지 않으며, 성공도 아름다움도 그들의 마음을 뺏지 못한다. 선과 악에 대한 그들의 강렬한 민감성은 하나님의 선과 악을 향한 관심을 그들이 강렬하게 느끼기 때문이다. 그들이 맹렬하게 느끼는 이유는 그들이 깊이 들을 줄 알기 때문이다.

많은 도덕 철학 체계의 약점은 고립주의에 있다. 도덕에서 고립주의는 선(善)이 여타 중립적인 가치들과는 무관하다는 전제에서 비롯된다. 그러나 실제로 도덕과 다른 모든 인간의 행위는 서로 얽혀 있다. 이론, 예술, 기술의 영역 모두 마찬가지다. 어떤 상황에서는 도덕적이고 다른 상황에서는 비도덕적이 될 수 있는 마술사는 없다. 도덕적인 사람이란 그런 것이 아니다.

따라서 도덕 문제는 도덕 문제로만 접근해서는 풀 수 없다. 그것을 인간 존재 전체 중 일부로 다루어야만 한다. 궁극적 문제는 선과 악의 문제가 아니라 삶 전체이며, 우리는 그것 전체를 다루지 않고는, 그 존재의 본성과 행위 의미 전체를 다루지 않고는 도덕 문제를 다룰 수 없다.

예언자들은 이러한 종교적 고립의 문제를 극복하려 했다. 악인을 어떻게 다루고, 비행이나 끔찍한 범죄를 예방하는 것으로 삶의 문제를 해결할 수는 없다. 예언자들은 우리에게 그곳이 문제의 진원지가 아니라는 사실을 알려 준다. 오히려 우리는 우리가 얼마나 자주 동료 인간을 그릇되게 대하는지를 깨달아야 한다. 실상 문제는 그곳에서 시작된다.

소리 없는 잔혹함, 법으로는 막을 수 없는 비밀스러운 추문, 그것이 바로 도덕이 병드는 곳, 진짜 감염의 진원지다. 삶의 문제는 실은 우리가 자신과 맺는 관계에서 시작된다. 우리의 감정들, 우리의 질투와 탐욕과 교만을 다루는 일이 먼저다. 삶이 위태로워지는 시작점은 죄를 짓고 부정부패를 저지르는 순간이 아니다. 그러므로 선도 악도 아닌 중립적인 행위, 우리의 자연스러운 필요와 욕구를 잘못 다루는 문제가 우리의 우선 과제다.*

우상이란 무엇인가? '나의' 하나님이면서 '너'의 하나님은 아닌 신. 나에게 관심을 기울이시지만 너에게는 관심이 없는 신. 그것이 우상이다.

하나님에 대한 믿음은 사후 세계를 보장해 주는 보험증서가 아니다. **인종적 혹은 종교적 편견**의 본질을 직시해야 한다. 그 편견은 본질상 **사탄적이며, 신성모독이다.**

모든 사람은 서로 이어져 있다. 그것을 감지하는 능력이 인간성의 핵심이다. **인간의 구원은 그 특성과 깊이 얽혀 있다.** 그러나 우리의 눈은 치명적인 독에 감염되어 각 사람의 고유한 얼굴을 보지 못한다. 그 눈은 사람을 하나의 분류로, 하나의 인종으로만 바라본다. 그렇게 피부색이 그 사람의 전부인 양 여기고 흑인은 많은 이들에게 낯선 존재가 된다. 이 나라에는 흑인의 고통에 한정해서는 도덕적 감수성이 캄캄해지는 이들이 있다.

---

* 이어지는 글은 미국의 시민권 운동에 대해 구체적으로 언급한다. 용어는 이전 시대의 것일 수 있지만 문제의식은 여전히 유효하다.

어떤 억압은 경제적 궁핍이나 물리적 상처보다 더 고통스럽고 한층 더 혹독하다. 공개적으로 당하는 모욕이 바로 그것이다. 어쩌다 피부색이 어둡지 않게 태어난 탓에 내 얼굴은 하나님의 형상을 드러내기는커녕 거만하고 강압적인 형상을 반사하게 되고 말았다. 내 양심은 이에 고통을 느낀다. 그 평가가 정당하든 부당하든 나는 거만함과 가식의 상징이 되었고, 내 얼굴은 의도하지 않아도 타인의 자존에 상처를 주며 공격하는 것이 되고 말았다. 내 존재 자체가 누군가에게는 모욕을 가하게 된 셈이다.

우리 대부분이 묵인하지만, 책임을 져야 하는 **악이 있다. 바로 악에 대한 무관심이다.** 내내 중립적이고 공정한 태도를 유지한다는 명목으로 우리는 악에 무심해진다. 타인에게 가해지는 어떤 불의에도 동요할 줄 모른다. 악에 대한 무관심은 악 자체보다 더 교묘하다. 더 보편적이며 더욱 전염성이 강하고 더욱 위험하다. 그 무관심에서 비롯된 침묵은 악을 정당화하게 되고, 예외였던 악이 마침내 규범이 되고 끝내 받아들여지게까지에 이른다.

예언자가 인류에게 준 위대한 공헌이 바로 악에 대한 **무관심이라는 악**을 발견한 것이다. 사람은 품위가 있으면서도 음

흉할 수 있고, 경건하면서도 죄를 범할 수 있다.

예언자는 다른 이가 당한 해악에 함께 고통을 느끼는 사람이다. 범죄가 행해지는 곳에서 예언자는 언제나 희생자이자 손쉬운 먹이가 된다. 예언자의 분노 어린 말은 울부짖음이 된다. 하나님의 분노는 애통이다. 모든 예언은 하나의 위대한 감탄, 하나님이 악에 무관심하지 않으시다는 데 대한 놀라움이다. 그분은 언제나 관심을 두고 계시며 사람이 사람에게 행한 일에 직접 고통을 겪으신다. 그분은 파토스의 하나님이시다!

한 백인 목사는 마틴 루터 킹 주니어와 함께 인종을 이유로 시민들의 헌법적 자유를 박탈하는 지역 법규와 관행에 맞서는 활동에 연대하는 다른 목사들을 이런 말로 비난했다. "목사의 역할은 덧없는 사회 문제에 휘말려 혼란을 일으키는 것이 아니라 영혼을 하나님께로 이끄는 것이다."

그러나 이러한 관념과 달리 예언자들은 하나님 자신이 바로 그 "덧없는 사회 문제"에, 이 사회의 어두운 그림자에, 시장의 현실에 관심을 기울이신다고 열렬히 선포한다.

예언자의 본질은 무엇인가? **예언자는 언제나, 매 순간, 하나님과 인간을 따로 떼어 보지 않고 한 시선 안에 품는 사람이다.** 우리의 비극은 하나님을 그 모든 것과 분리하는 데서, 성과 속을 나누는 데서 시작된다. 우리는 교리의 순수성을 염려하느라 온전한 사랑을 놓친다. 하나님을 과거 시제로 생각하면서 **하나님이 언제나 현재에 계시며 결코, 단 한 순간도 과거가 되실 수 없음**을 인정하지 않으려 한다. **하나님은 저택보다 슬럼가에 가까이 계시며, 무심한 학대로 아픈 이들 곁에 함께 계신다.**

물론 우리 중에는 흑인이나 다른 소수자들을 대하는 태도에서 흠잡을 데 없는 이들도 있다. 그러나 우리 사회의 도덕적인 수준을 정직하게 보면, 누구도 그렇게 자신할 수 없다. 일부가 **죄를 짓지만** 우리는 모두 거기에 책임이 있다. 한 개인은 사회의 분위기나 주류 의견들에 영향을 받고, 그 속에서 자신을 형성한다. 이 점을 인정한다면, 결국 개인의 범죄는 사회의 타락을 폭로한다고 말할 수밖에 없다. 타인의 고통에 무심하지 않은, 잔인함과 거짓을 견디지 못하는, 타협이 없는 공동체라면 애초에 인종차별은 흔하지 않은 일, 드문 일이 되었을 것이다.

평등이란 좋은 것이며, 괜찮은 목표라는 점은 대부분의 사람들이 받아들인다. 부족한 것은 **불평등이 얼마나 끔찍한 것인지에 대한 감각**이다. 예언자적 신앙의 관점에서는 정의가 곤경에 처해 있는 것은 곧 하나님이 곤경에 처해 있는 것이다.

인종차별에 대해 점점 더 많은 이들이 문제를 인식하고 있다. 그러나 우리는 그것이 '나'의 문제라는 점을 놓친다. 사람들은 사회적 긴장과 갈등을 점점 더 두려워한다. 그러나 우리가 인종 갈등을 막으려는 데는 열심이면서도, 그 근원적인 마음, 굴욕(수치심)을 막는 데는 그보다 관심을 기울이지 않는 한 실상 그 갈등의 원인, 우리의 도덕 수준은 암울한 상태로 남게 될 것이다.

5. 하나님은 정의를 요구하신다.

현대는
영혼을
저버렸다.

기술 문명은 인간의 공간을 정복해 왔다. 그 정복은 존재의 본질인 '시간'을 희생제물로 바쳐 얻은 승리였다. 즉 우리는 시간을 소모해 공간을 얻었다. 공간의 세계를 사는 이들은 힘을 확장하려 한다. 그러나 더 많이 소유한다고 더 많이 존저하게 되는 것은 아니다. 그렇게 공간의 세계에서 우리가 획득한 힘은 시간의 경계에서 덜컥 멈춰버린다. 존재의 핵심은 결국 시간이다.

우리는 공간의 세계를 다스려야 한다. 그것은 분명 우리의 과제 중 하나다. 그러나 공간을 장악하느라 시간의 세계에 속한 열망을 잃어버리면 위험해진다. 시간의 세계는 소유가 아니라 존재로, 점유가 아니라 나눔으로, 통제가 아니라 협력으로, 복종이 아니라 조화로 이루어진다. 공간을 다스리고 사물을 다스리는 일이 우리의 유일한 관심거리가 될 때 삶은 어긋나기 시작한다.

힘보다 유용한 동시에 두려운 것도 없다. 이전에는 흔히 가난으로 인해 모욕당했지만 이제 힘으로 인해 수모를 겪게 되었다. 노동을 사랑하면 행복하지만, 이득을 사랑하면 비참해진다. 이익이라는 우물에서 숱한 마음의 물동이가 깨어진다. 사물에 스스로를 팔아 노예로 넘기는 이는 결국 깨어지고 부서지는 그릇이 되고 만다.

문명이 진보할수록 경이에 대한 감각은 거의 필연적으로 쇠퇴한다. 그 쇠퇴는 우리의 정신 상태에 대한 불길한 징후다. 인류는 정보가 부족해서 망하지는 않는다. 그러나 감사의 부족은 우리를 멸망시킨다. 경이가 없는 삶은 살 가치가 없다. 그것을 이해함에서부터 행복한 삶이 시작된다. 우리에게 부족한 것은 믿고자 하는 의지가 아니라 경이로워하려는 의지다.

우리 시대는 자연이 '유용'하기에 가치가 있다고 여긴다. 힘을 획득하고 자원을 활용하는 일이 가장 중요한 목적인 줄로 생각한다. 하나님이 창조하신 세계에서 인간이 추구해야 할 목적을 그런 것들로 축소한다. 그렇게 사람은 무엇보다 도구를 만드는 동물이 되었고 세계는 그의 필요를 채우는 거대한 도구 상자로 전락했다.

그리스인들은 이해하기 위해 배웠으며, 히브리인들은 경외하기 위해 배웠다. 그러나 현대인은 사용하기 위해 배운다. 베이컨에게서 우리는 "아는 것이 힘"이라는 표현을 얻었다. 사람들은 '지식은 성공의 수단'이므로 공부해야 한다고 말한다. 우리는 "유용하다"는 말 외에 다른 말로 무언가의 가치를 평할 줄 모른다. 사람은 스스로를 '최소 에너지로 최대의 안락을 얻고자 하는 존재'로 정의하기를 서슴지 않는다.

무언가가 가치 있다면 그것은 유용해야 한다. 그렇게 우리는 가치와 유용성을 동일시한다. 우주의 목적이 온통 우리의 필요를 만족시키는 것인 양 느끼고 행동하고 사유한다. 현대인에게는 모든 것이 계산할 수 있다. 그들은 모든 것을 수치화할 수 있다. 통계를 가장 신뢰하며 신비라는 개념은 꺼린다. 그는 우리가 감지할 수는 있어도 온전히 이해할 수는 없

는 세계에 에워싸여 있다는 사실, 이성조차도 그 자체로 신비
라는 사실을 완강히 무시한다. 그는 스스로가 모든 신비를
해명할 능력이 있다고 확신한다. 한 세대 전까지만 해도 우리
는 세계의 모든 수수께끼를 과학이 풀 수 있으리라 확신했었
다. 한 시인의 말처럼.

> 알아야 할 게 있다면 무엇이든
> 언젠가 우리는 알게 될 것이다.

그렇기에 종교적 지식은 가장 낮은 수준의 지식으로 간주
된다. 오귀스트 콩트(Auguste Comte)에 따르면 인간의 정신
은 세 단계의 사유를 거쳐 발전한다. 신학적 사유, 형이상학
적 사유, 그리고 실증주의적(과학적) 사유가 그것이다. 원시적
이고 종교적인 지식이 점차 형이상학적 사유로 진화했고, 실
증주의적이고 과학적인 사유 방식이 이를 계승했다. 현대인
은 이 마지막 단계에 도달했다.

이런 식으로 그는 관찰이 불가능한 존재의 모든 외침을 피
하려 한다. 이제 하나님의 자리에 인류, 곧 위대한 존재(the
grand Être)가 서 있다. 최고로 숭배할 대상은 인류다. 그러나
현대인의 관점에서 성취로 보이는 것이 포스트 모던에서는

6. 현대는 영혼을 저버렸다.

상실로 드러날 수도 있다.

과학과 기술이 이룬 화려한 성취에 눈이 부셔 우리는 그저 우리가 이 지구의 지배자라고 확신하게 되었을 뿐 아니라, 우리의 욕구와 흥미가 옳고 그름을 판단하는 궁극적 기준이라고까지 확신하게 되었다.

편안함과 화려함, 성공이 계속해서 우리의 욕망을 자극한다. 그 욕망이 덫이 되어 우리에게 진정으로 필요한 것, 우리가 늘 욕망하지는 않으나 실상 우리에게 필요한 것을 보는 시력을 훼손한다. 가치를 볼 줄 모르게 된 이들은 이해관계라는 안내견의 인도를 따라간다. 이익이 그들의 길잡이이자 인도자가 되어 버린다.

현대인은 점차 깨달아 가고 있다. 형이상학적이고 종교적 사유를 버린 우리에게는 이제 지적으로는 더 이상 꿈꿀 권리조차 없다는 것을. 우리에게는 우리가 잃어버린 것을 애도할 권리조차 사라졌다는 것을. 우리의 영혼에 필요하나 필요하다는 것조차 모르게 되어 버린 갈망을 애도할 수는 없는 노릇이므로. 우리는 이미 오래전에 믿고자 하는 의지를 믿지 않게 되었고 믿고 싶은 갈망을 잃은 슬픔조차도 믿지 않게 되어 버렸다.

이 공포로 인한 몸서리가 우리의 밤을 가득 메운다. 이 도시는 기쁨 속에 울부짖고, 성취 앞에서 두려워 떨며, 욕구의 노예로 살아가는 삶에 절망하고, 자신이 소중히 여기는 것조차도 신뢰하지 못하는 슬픈 영혼으로 가득하다. 그처럼 비통한 영혼이 없는 집이 하나도 없는 지경이 되었다.

도덕적 판단은 욕구와 욕망에 영향을 받는다. 종교적 신앙도 다르지 않다. 신앙을 형성하는 데 욕구와 욕망이 일정 부분 역할을 한다는 점은 오래전부터 알려져 있다. 그러나 현대 심리학이 주장하는 대로 종교적 신념은 그저 무의식적 소망을 채우려는 시도일 뿐일까? 그것이 진정 참일까? 신은 인간이 순전히 이기적 감정을 투사한 대상일 뿐이고, 주관적 욕구를 대상화한 위장된 자아에 불과할까?

현대는 하나님에 대한 인간의 관심에 진정성이 있는지를 의심한다. 이는 실로 하나님의 존재 자체를 의심하는 것 못지않은 심대한 도전이다. 우리에게는 '신 존재 증명' 이상으로 '믿음의 진정성' 증명이 절실히 필요하다.

우리는 신앙을 잃었을 뿐 아니라 '신앙이 의미가 있다는 믿음'까지 잃어버렸다. 이제 남은 건 공포뿐이다. 우리는 사람을 두려워하며, 우리가 가진 힘조차도 무서워한다. 그토록 자랑스러운 서구 문명이 인간의 심연에서 터져 나온 잔혹함과 범죄의 급류에 휩쓸려 간다. 죄책과 비참의 물결이 우리를 덮쳐 깨끗한 양심은 하나도 남지 않게 되었다.

우리에게 주어진 힘으로 이런 일을 했다니, 우리는 세상에 무슨 짓을 한 것인가? 참담함의 급류가 우리의 끔찍한 자만심을 쓸어 가 버린다. 주님은 누구신가? 우리는 그분을 알기는커녕 그분을 알 수 있으리라는, 다시 그 인식에 이르리라는 확신도 없다. 믿음의 의미를 되찾을 수 있으리라는 가능성조차 없다는 절망이 우리를 내리누른다.

지식이 힘이라고 여기는, 가치가 필요와 동의어가 되어 버린, 존재의 피라미드가 뒤집혀 버린 세계에서 하나님을 인식할 길을 찾을 수 있는가? 힘의 논리가 지배하고, 모든 것이 황금에 대한 탐욕에 흡수되는 세계에서 우리가 만날 수 있는 신은 금송아지밖에 없다. 자연을 도구 상자처럼 여기면 자연은 자기 자신 너머를 가리키지 못하게 되어 버린다. 자연을 신비롭고 장엄한 것으로 느낄 때 그 너머에서 다가오는 부름을 듣게 된다.

그러나 장엄함과 숭고함에 대한 자각은 현대인의 의식에서 거의 사라져 버렸다. 우리의 교육 체계는 학생들이 현실에 존재하는 '힘'의 면면을 이용할 줄 알게 하는 데 초점이 있다. 아름다움을 감상하는 능력은 얼마간 키워 주려 하지만, 숭고함에 대한 교육은 전무하다. 측정하는 법과 무게를 다는 법은 가르치나 어떻게 경외하고 경이로워하고 놀라워해야 하는지를 가르치는 데는 실패했다.

위대한 영혼은 장엄함을 느낄 줄 안다. 그 감각은 영혼의 고요한 위대함을 보여주는 징표다. 본래 모든 사람 안에는 이 능력이 깃들어 있다. 그러나 이제 그 감각은 드문 재능이 되었다. 장엄함을 자각하지 못하는 이는 세계를 온전히 지각할 수 없다. 그들에게 세계는 평면이 되고 영혼은 텅 비어 버린다. 성서는 그런 우리를 이끌어 장엄한 세계로 인도한다. 성서가 현실을 바라보는 눈에는 경이가 깃들어 있다. 성서는 자연의 매력, 자연의 아름다움을 노래하는 게 아니다. 성서가 노래하는 것은 장엄함이며, 자연의 숭고한 면모다. 성서에 기록된 시는 애초에 그런 것들을 찬미한다.

성서는 사물이 사람에게 말을 건다고 주장하지 않는다. 사물이 하나님께 말하고 있다고 주장할 뿐이다. 무생물은 사람과의 관계에서는 죽어 있으나 하나님과의 관계에서는 살아 있다. 그들은 하나님께 노래한다. 산들이 밀랍처럼 녹고, 물들이 주 앞에서 떤다(시 77:16; 97:5 참조). "온 땅아, 네 주님 앞에서 떨어라. 야곱의 하나님 앞에서 떨어라"(시 114:7).

6. 현대는 영혼을 저버렸다.

누가 하나님을 향해 부르는 나무들의 노래를 들었을까? 그 소리를 들은 귀가 있을까? 태양에게 주님을 찬양하라고 명령한, 그럴 생각을 해 본 '이성'이 있을까? 그러나 귀로 들을 수 없는 소리, 이성이 헤아릴 수 없는 그것을 성서는 우리의 영혼에게 명확히 보여준다. 이 진리는 더 높은 차원에 있으며, 영혼으로만 포착할 수 있다.

현대인은 자연의 질서와 힘에 대해 숙고한다. 예언자는 자연의 장엄함과 창조를 곱씹는다. 현대인은 우주에서 통제할 수 있고 이해할 수 있는 면모에 집중하고, 예언자는 그 신비로움과 경이로움에 주목한다. 예언자들이 자연에서 감지하는 것은 하나님의 직접적인 반영이 아니라 하나님에 대한 암시다. 자연은 하나님 자체가 아니며 오히려 그분의 뜻이 이루어진 곳이다.

"너희는 고개를 들어서, 저 위를 바라보아라"(사 40:26). 더 높은 방식의 '봄'이 있다. 우리는 눈을 높이 들어 보는 법을 배워야 한다. 이 세계는 해답이기보다 질문이며 자연의 아름다움과 힘조차 하나님과는 비할 바가 없다. 자연의 장엄함은 시작일 뿐이다. **그 장엄함 너머에 하나님이 계신다.**

성서의 인간은 자연을 외따로 존재하는 무엇으로 보지 않는다. 그는 자연을 하나님과의 관계 속에서 본다. "태초에 하나님이 천지를 창조하셨다"(창 1:1). 이 짧은 말은 모든 현실이 우리의 손에서 벗어나 있으며 절대적으로 하나님께 의존하고 있음을 보여준다. 그렇다면 현실이란 무엇인가? 서구인에게 현실이란 **'사물 그 자체'**(a thing in itself)이다. 그러나 성서의 인간에게 현실은 **하나님을 통해 존재하는 무엇**이다. 성서의 인간은 눈으로 형태나 색과 힘, 움직임보다 하나님의 행동을 본다. 세계는 본질적으로 벽이 아니라 '문'이다.

현대인은 세계를 기본적으로 이렇게 가정한다. 객관적 현실은 물리적인 현실이다. 모든 비물질적인 현상은 물질 현상으로 환원될 수 있고, 물리적 용어로 설명할 수 있다. 그러므로 물리적 현상, 그것도 양으로 측정될 수 있는 측면만이, 그것과 이어진 경험만이 현실 세계로 간주된다. 우리가 경험하는 일 중 기도나 하나님의 임재 경험처럼 물리적으로 설명되지 않는, 물리적으로 대응하는 대상이 없는 경험은 환상으로 치부된다. 그들에게 환상이란 객관적 세계의 본성에 대해 알려 주는 바가 없는 경험을 뜻한다.

현대 사회는 현실과 물리적인 것을 등치시키지 않는 이, 그러한 사유를 받아들이지는 않는 이를 신비주의자로 여긴다. 그러나 하나님은 물리적 경험의 대상이 아니시며, 그러한 등

6. 현대는 영혼을 저버렸다.

식을 받아들인다는 것은 곧 그분의 존재가 불가능하다는 의미가 된다. 즉 이들에게 하나님은 그저 실재가 아닌 어떤 것을 지칭하는 단어에 불과한 무엇이거나 지금 우리 눈앞에 있는 사람처럼 실재하는 것 둘 중 하나인 셈이다.

그러나 신앙의 전제는 이렇다. 영적 사건은 실재한다. 궁극적으로 모든 창조 사건은 영적 행위에서 비롯된다. 하늘과 땅을 창조하신 하나님은 인간의 마음에 그분의 뜻을 전하시는 분이다.

현대인이 계시에 관한 논의로 들어서려 할 때 가장 큰 장애물은 예언자들이 진실한 경험을 했느냐에 대한 의심이 아니다. 설사 그 문제를 정밀하게 입증할 수 있다 해도 사실상 그 점은 큰 관련이 없다. 가장 중대한 문제는 **문제 자체가 사라져 버렸다**는 것이다. 의미 있는 답이 있으려면 먼저 질문이 있어야만 한다. 그러나 오늘날 우리 시대의 대기는 수 세기 동안 자라온 질문이 계속해서 자라나기에 적합하지 않다. 성서는 지고의 물음에 대한 대답이다. 그 물음은 '**하나님은 우리에게 무엇을 요구하시는가?**'이다. 그러나 그 물음은 이 세계에서 사라져 버렸다. 하나님은 이제 수수께끼 같은 베일 뒤편에 있는 모호한 덩어리처럼 묘사되고, 그분의 음성은 우리의 정신에도, 마음에도, 영혼에도 낯선 것이 되었다. 우리는 모든 '나' 들의 목소리를 듣는 법을 배웠으나 하나님의 음성, '나는 곧 나'라고 하시는 분의 음성은 듣지 못하게 되었다. 이 시대를 살아가는 사람은 자랑스레 "동물의 목소리는 낯설지 않지만 신성한 모든 것들은 낯설다"라고 선언하고 있다. 현대 사회에서 성서는 지금 그러한 위치에 있다. 성서에 숭고한 답이 있으나 우리는 더 이상 질문이 무엇이었는지를 알지 못한다. 그 물음을 회복하지 못하는 한 성서를 이해할 희망도 없다.

성서가 수많은 다른 책들 중 하나라거나 시내산에서의 이야기는 일종의 동화라고 여길 수 있다. 그렇게 성서를 **가볍게 넘겨 버릴 수 있다**. 그러나 그런 식으로 성서를 가벼이 다루다가 하나님과 우리를 함께 묶어 놓은 끈을, 하나님께 향한 헌신까지를 내던질 수 있음을 기억해야 한다.

그러한 거부가 실상 무엇을 뜻하는지 생각해 보라. 만약 모세와 이사야조차 하나님의 뜻을 찾는 데 실패했다면 누가 그 일을 할 수 있다는 것인가? 성서에서도 하나님을 찾을 수 없다면, 우리는 그분을 어디에서 찾아야 하는가?

성서에 관한 질문은 곧 세상에 관한 질문이다. 하나님이 예언자들과 관련이 없으시다면, 그분은 인류와도 관계가 없으신 셈이다. 그리고 하나님이 정말 예언자들과 관련이 있으시다면, 예언자들은 거짓말쟁이도, 사기꾼도 아니게 된다.

그럼에도 우리 속물들은 계속 지적인 상투어들을 고집한다. 예언자들을 우리 수준으로 끌어내려 그들이 도달했던 차원을 자신들의 삶으로 판단하려 든다. 우리는 하나님의 말씀이 사람의 귀에 들릴 리가 없고, 하나님이 인간의 정신에 말씀의 빛을 비추실 리가 없다고 주장하며 예언자들의 말을 거부한다. 그러나 나에게 불가능한 것은 누구에게도 불가능하다. 내가 얻을 수 없는 것은 누구도 얻을 수 없다는 것이야말로 어리석은 자들의 원칙이다. 평균적인 사람이 진리의 척도가 될 수는 없다. 우리는 사람이 성취한 것을 탐구하고자 하는 게 아니다. 우리는 하나님이 활동하신 것을, 그분의 능력을 살피고 있다. 하나님이 우리의 기준에 맞추셔야 한다고 말할 자격은 우리에게 없다. 우리의 진부한 이론이 그 위대한 주제를 결정하게 해서는 안 된다. 신과 인간 사이에는 학자들이 꿈도 꾸지 못할 많은 일들이 있었다. 심리학이 수학 법칙의 유용성을 평가할 수 있는가? 역사가 논리적 예측을 따라 흘러가던가?

기도는
하나님께
알려지는
것이다

×

기도는 생각이 아니다. 생각하는 이에게 하나님은 하나의 사유할 대상이다. 그러나 기도하는 이에게 하나님은 기도의 주체다. 그렇게 그분이 주체가 되시고, 우리가 하나님 앞에 있음을 자각하는 순간 우리는 더 이상 하나님에 대한 객관적 지식을 얻으려 애쓰지 않게 된다. 오히려 하나님과 우리 사이에 헌신과 신실함이 깊어지기를, 그분을 알게 되기보다 하나님께 알려지기를, 하나님이 우리를 아시기를 바란다. 그분을 판단하기보다 그분께 판단받기를, 우리가 이 세계를 바라보고 대상화하기보다 하나님이 이 세계를 주목하시기를, 그렇게 우리의 지식보다 그분의 지식이 늘어 가기를 원한다. 우리의 협소한 자아 속에 세계를 가두기보다 만물을 붙드시는 분께 우리 자신을 열어젖히려 애쓴다. 우리의 소원은 거기에 있다.

기도는 우리의 입술과 우리의 생각(뇌)에 갇히지 않는다. 기도가 일어나는 곳은 그 모두를 넘어선다. 기도라는 심원한 정신적 과정에서 말과 경건은 부수적인 기능을 할 뿐이다. 기도란 우리의 마음이 하나님께 들리게 하는 행위다.[7] 기도하는 이는 누구나 이를 확신한다. 가장 소중한 소망을 허공에 쏟아 버리는 이가 있겠는가. 기도는 그런 허망한 몸짓이 아니다. 본질은 물리적인 데 있기보다 더욱 깊은 정신에 있다. 기도는 홀로 횡설수설하며 세계를 헤매는 일이 아니라 사람에게서 출발해 하나님에게서 마치는 사건이다. 기도 중에 우리의 마음에서 일어나는 일은 하나님 안에서 일어날 사건을 예비하는 겸손한 서곡에 불과하다.

궁극적으로, 기도의 목적은 특정 말을 번역하는 것이 아니라 자기 자신을 번역하는 데 있다. 즉, 고대의 언어를 현대어로 전유하는 것이 아니라 우리의 생각을 기도의 사유로 변화시키는 것이다. 기도는 전례적인 언어에 깃든 **정신을 영혼이 모방하는 행위**다.

원칙적으로 우리는 정해진 기도의 언어에 우리의 정신을 접붙일 수 있다. 그 말씀에 우리를 열어젖히고, 그 뜻에 항복할 수 있다. 그 능력이 대개 기도를 가능하게 한다. 그 전례의 언어들은 우리 앞에 살아 있는 존재로 서 있으며, 우리의 지성을 훌쩍 넘어서는 영적인 능력으로 가득하다. 그 언어는 우리에게 주고, 우리는 그 말을 받는다. 그 말이 우리의 정신을 휘저어 우리의 마음을 흔들어 깨운다.

우리는 삶에서 가장 중요한 물음 중 하나, "우리의 궁극적 관심은 무엇인가?"에 대한 답을 모른다. 우리는 무엇을 위해 기도해야 할지 모른다. 바로 이때 여전은 우리에게 무엇을 위해 기도해야 하는지를 가르쳐 준다. 그 기도서의 언어들이 우리를 움직이는 것, 우리가 자각하지도 못한 채 우리를 움직이는 것을, 우리 삶에서 절박한 것을, 영원과 연결된 우리 내면의 무언가를 밝혀 준다.

우리는 그 오래된 기도의 언어 속에, 그 보물 속에 머무는 동안 얼마나 많은 유익을 누리는지 깨닫기 어렵다. 이스라엘의 예언자들과 또 성인들의 영과 교감하는 법을 배울 때야 비로소 그것을 알게 된다. 우리의 깨어진 피리에서 나오는 서툰 소리보다 시대를 넘어 울려 퍼지는 그 음악의 메아리에 우리의 마음을 맞추는 편이 우리를 더 깊은 기도로 이끈다.

수 세기 동안 드려 온 예배에서 전해진 말, 곧 오랜 정직함과 사랑으로 거룩해진 말이 있다는 것은 얼마나 복된 일인가? 만약 그 모든 일이 우리 자신에게만 맡겨져 있었다면, 어떤 말이 하나님을 찬양하기에 합당한지, 우리의 덧없는 사유 중 어떤 것이 영원의 문턱을 넘을 수 있을지 어떻게 알 수 있었겠는가?

기도는 영혼의 소우주다. 기도의 순간에 우리의 영혼 전체가 응축되어 있다. 그것은 모든 행위의 정수이며 모든 사유의 절정이다. 토라가 그저 유대 민족 문학에 불과하고 계시의 신비란 한낱 미신이라면 기도도 기껏해야 영혼의 독백에 지나지 않을 것이다. 하나님이 우리에게 말씀하실 능력이 없다면 어떻게 우리가 하나님께 말할 능력을 가질 수 있겠는가? 그러므로 기도는 홀로 존재하는 무엇이 아니라, 더 깊고 큰 주제의 일부다. 기도는 인간의 전 영혼이 어떤 상태에 있는지, 그곳에 하나님이 친밀히 거하고 계신지에 달려 있다. 물론 우리의 삶이 너무도 황량해서 예배의 생명력이 피어나지 못한다면, 우리의 생각과 근심이 오로지 헛된 것들에 관한 것일 뿐이어서, 그 속에 기도로 증류될 정직한 내용이 없다면, 우리의 영혼은 변화가 시급한 응급 상황에 있는 것일 테다. **기도의 문제는 기도 자체가 아니다. 기도의 문제는 하나님이다.** 무한하고, 자비롭고, 영원하신 하나님께 가 닿을 수 있음을 믿지 못하는 이는 기도할 수 없다.

이에 더해 유대 신앙에 자리한 한 깊은 원칙을 간과해서는 안 된다. 기도하기를 바라는 나의 갈망보다 더욱 큰 갈망은, 내가 기도하기를 바라시는 하나님의 갈망이라는 것. 믿기를 바라는 나의 의지보다 더욱 깊은 의지는, 내가 믿기를 바라시는 하나님의 뜻이라는 것. 이 광대한 우주 가운데 내 영혼이 쏟아내는 것이란 얼마나 사소한지. 하나님이 내가 기도하기를 원하지 않으신다면, 그분이 우리의 기도를 갈망하지 않으신다면, 우리의 기도란 얼마나 터무니없는 것이 될지!

우리는 바벨탑을 쌓아 하늘에 닿을 수 없다. 성서는 하나님을 향해 가는 길은 오직 하나님의 길뿐이라고 이야기한다. 하나님이 우리의 기도를 기다리신다는 사실이, 그 사실만이 우리의 기도에 의미를 부여한다.

삶의

양식

우리는 종종 종교의 본질을 오해하곤 한다. 그 본질이 영혼의 상태, 내면, 절대적 감정이라 **여긴다.** 종교성을 마치 심해에 서식하는 식물처럼 삶의 표면, 곧 일상적 행동에서는 잘 드러나지 않는 무엇이라 간주한다. 그러나 앞서 살폈듯, 종교는 이미 존재하는 무언가(하나님)에 대한 감정이 아니다. 그것은 어떠한 방식으로 살아가라는 하나님의 요청에 응답하는 일이다. 종교는 의무에 대한 자각에서 시작된다. 우리가 더 높은 목적에 헌신하고 있으며, 인간의 삶은 우리뿐 아니라 하나님의 관심 분야이기도 하다는 깨달음, 그 자각이 종교의 기원이다.

믿음의 여정은 하나님이 존재하신다는 것을 확신하는 것에서 끝나지 않는다. 오히려 믿음은 하나의 시작이다. 신비 너머에 계신 그분과 하나가 되고자 하는 갈망, 우리 안에 있는 모든 힘이 우리 너머에 있는 영적인 것과 하나가 되고자 하는 강렬한 열망은 믿음과 함께 시작된다. 그 온전함을 향한 갈망의 뿌리에는 말로 다 표현할 수 없는 움직임이 있다. 우리 너머에 있는, 형언할 수 없는 그분과 소통하고자 하는 움직임이 있다. 그 소통의 언어 없이는 우리의 충동, 곧 하나가 되려는 열망은 표현되지 못한 채로 남게 된다.

하나님은 인간에게 내면의 태도 이상을 요청하신다. 그분은 우리에게 생명뿐 아니라 율법을 주시고 그분의 뜻을 경배할 뿐 아니라 사랑하고 복종하라고 하신다. 신앙 안에서 우리는 그것을 배운다. 신앙은 그렇게 우리로 하여금 어떤 행동을 하도록 밀어붙이는 힘으로 다가온다. 우리는 그 부름에 끝없이 헌신을 맹세함으로 응답한다. 그 응답에는 그 임재에 자신을 완전히 내어 드리는 행위, 일생토록 이어지는 소속, 절제와 순종, 자기 통제와 용기가 담겨 있다.

믿음이 신조 없이 존재할 수 없듯 행위의 틀 없이는 경건도 지속될 수 없다. 지성이 훈련과 분리될 수 없듯 종교도 행위와 분리될 수 없다. 유대교는 사유뿐 아니라 행동 속에서 살아내는 신앙이다.

사람은 삶의 양식(樣式)을 애타게 찾아내고자 한다. 그것이 인간이 가장 간절하게 추구하는 바다. 그 양식이 인간의 존엄에 걸맞기 위해서는 그것에 형언할 수 없는 것을 향한, 인간만이 지닌 그 감각이 담겨 있어야 한다. 그저 자연의 힘을 이용할 줄 알고, 아름다움을 감상하는 능력만으로는 불충분하다. 단순히 욕구를 충족시키기 위한 설계를 넘어 목적에 도달하기 위한 설계여야 한다.

유대 신앙의 참된 핵심은 지금 이곳에서 무엇을 바르게 행할 것인가. 무엇이 올바른가. 즉 **올바른 삶을 향한 탐구**에 있다. 이는 예언자의 시대로부터 하시디즘(the Hasidim) 시기에 이르기까지 유대 문학의 주요 주저였다. 유대 문학은 삶이 지속적으로 비상 상태에 있는 듯한 절박감으로 이를 탐구해왔다.

우리는 고요한 슬픔 속에, 수많은 패배를 통해 쓰디쓰고도 강렬한 교훈을 얻었다. 끝없이 반복되는 문제에 임시변통의

해법은 없다는 것, 끊임없이 몰려오는 위험에서 우리를 지키는 유일한 방책은 언제나 깨어 계속해서 인도함을 받는 방법뿐이라는 것을 배웠다.

시내산의 그림자 아래 사는 자, 토라의 리듬을 따르는 자는 일주일, 하루, 매시간을 통해 그것을 익힌다. 그는 그 속에서 계속 깨어 있으라는 소리를, 방향을 알려주는 인도자를 만난다.

유대교의 율법은 이따금 어떤 행위를 하거나 단발적인 선행에 대한 명령이 아니다. 유대인의 삶을 구성하는 율법은 그런 식의 명령이 아니다. 특정 행위들보다는 오히려 그 길을 계속 추구하는, 그 길 위에 서 있는 상태가 유대적 삶의 본질에 가깝다. 선행을 하늘에 적립하거나 선을 완수하는 것이 아니라 그 과업에 헌신하고, 헌신을 유지하고, 그 질서에 속하는 데 본질이 있다. 실은 그 모든 행위와 종교적 감정들의 조각, 덕스러운 순간들이 모두 한데 엮여 하나의 그림이 된다.

정신적 삶 역시 성장과 소멸이 끝없이 이어지는 과정이다. 산발적이고 단편적인 자극이나 주입으로는 우리의 정신을 만족시킬 수 없다. 겨울잠을 자는 동물처럼 미리 저장해 둔 것으로 살아갈 수도 없다. 기억은 가득 차 있으면서도 영혼은 텅 비어 있을 수 있다. 자유롭지 못한 이는 영적인 훈련을 받아들이라는 말에 두려움을 느낀다. 내면을 절제하라는 요구를 외부 세계의 폭정, 압제와 동일시한다. 그렇게 영적 권위에 순복하기보다는 차라리 고통을 택한다.

자유로운 사람, 곧 우리 안에 있는 변덕스러운 욕구를 거룩한 것인 양 떠받들지 않는 사람만이 자기를 절제하는 일이 자신을 포기하는 일이 아닌 것을 안다. 스스로 통제할 줄 모르는 사람은 자유로운 것이 아니며, 누릴 자유가 많아질수록 더 많은 훈련과 절제가 필요하다는 사실을 안다.

유대교는 우리 안에 있는 동물적 욕구마저도 성스러운 행위가 될 수 있다고 **가르친다**. 즐겁게 음식을 먹는 일도 정화의 한 방법이 될 수 있다. 내 갈증이 세상에서 가장 중요한 것인 양 벌컥벌컥 마신 음료 한잔에도 내 영혼은 휩쓸려 익사해 버릴 수 있다. 그러나 그 모든 흥분과 열정 속에서도 여전히 하나님을 기억할 때, 그 음료 한잔을 통해서도 우리는 하나님과 한발 가까워질 수 있다.

성화란 이 세상과 무관한, 공중에 붕 뜬 개념이 아니다. 세속적인 것과 숭고한 것 사이의 이분법은 존재할 수 없다. 모든 것이 숭고하다. 모든 것이 하나님에 의해 창조되었고, 그 계속되는 존재가, 생존의 욕구에 매달리는 그 눈먼 상태조차, 창조주에게 복종하는 한 방식이다. 온 우주에 있는 모든 존재는 이미 그 존재 자체로 숭고한 예배이다.

살아있는 사람, 봄에 피는 꽃들도 모두 "있으라"는 하나님의 명령을 실현한다. 생명은 그 자체로 하나님의 명령이며, 우리의 선택과 결단들 너머에서 이미 하나님의 뜻을 행하고 있다. 이것이 우리의 존재 자체가 하나님의 뜻과 만나는 장소인 이유, 우리의 삶이 거룩한 이유, 삶이 사람에게뿐 아니라 하나님에게도 책임이 되는 이유다.

유대교 신학은 평범한 행동, 사소한 일상에 관한 것이다. 특별한 훈련에 관한 것이기보다 사소한 일상을 사는 일에 대한 것이다. 유대적 삶, 유대교가 그리는 삶의 모습, 그 주된 특성은 경건이지만, 허세 부리지 않는, 눈에 띄지 않는 경건이다. 화려하고, 혹독한 고행, 금욕과는 거리가 멀다. 그러므로 유대적 경건의 목적은 평범한 것들에 기품을 부여하고, 세속적인 것들에 제의적 아름다움을 부여하는 것, 곧 상대적인 것을 절대적인 것에 맞추어 조율하고, 부분을 전체와 잇고, 제각기 존재하는, 서로 갈등하는, 모순을 담고 있는 우리 존재를 그 모든 것을 초월하는 하나 됨에, 거룩함과 조응하게 하는 데 있다.

예배와 삶은 분리되어 있지 않다. 삶 자체가 예배의 한 형태가 되지 않는 한 우리의 예배에는 생명이 없다. 종교는 특별한 축일들을 따로 떼어 기념하는, 그런 별도로 지정된 시간에 관한 것이 아니다. 영혼은 그처럼 고고한 곳에 고립되면 시들어 버리고 만다. 어떤 절정에 다다르는 희귀한 순간 자체에 주목할 것이 아니라, 그 희귀한 순간이 전체 인생에 어떻게 영향을 미치는가를 바라봐야 한다. 그 점이 결정적이다.

유대교 율법의 목적은 삶의 문법이 되는 것, 삶에 존재하는 모든 기능과 관계들을 다루는 것에 있다. 그 핵심 주제는 제도가 아니라 사람이다. 종교는 탄생과 결혼 죽음과 같은 특별한 사건들을 위한 것이 아니다. 종교는 오히려 시시한 행위란 없으며 모든 순간이 특별한 기회임을 가르친다.

희귀한 순간 우리는 영적인 황홀경을 경험한다. 그러나 '그 순간'이 반드시 영적인 삶의 정상인 것은 아니다. 우리가 어디에 있든, 평범하고 일상적인 행동 속에서도 우리는 그 가장 높은 곳에 오를 수 있다. 친구를 우정으로 대하는 일, 매일 식사 규례를 지키는 일상에서도 속죄일에 드리는 기도만큼이나 숭고함이 깃들 수 있다.

인격은 드물게 행하는 위업이 아니라 매일의 행동, 무뎌진 마음을 끝없이 기경하려 애쓰는 끊임없는 노력으로 결정된다. 사람을 거룩하게 만드는 것은 그러한 꾸준함이다. 유대교는 삶 전체를 궁극적으로 의미 있는 것, 영광스러운 것 아래 두려 애쓴다. 산발적으로 흩어진 행동을 하나의 중심에 잇대려는 노력인 것이다. 꾸준한 기도와 훈련, 기억과 기쁨의 리듬 속에 사는 이는 그 고귀함을 잃지 않는 법을 배운다.

세속적인 사람에게 행위란 나를 위해 내가 아닌 모든 것을 착취하는 일이다. 그러나 경건한 이에게 행위란 인간과 거룩하신 분이 마주치는 장소이며 인간의 뜻과 하나님의 세계가 만나는 자리다. 이 둘은 모두 한 근원에서 흘러나온 커다란 모자이크의 일부다.

하나님의 계획과 인간의 행복은 서로 분리되지 않는다. 그러한 분리가 없음을 발견하는 것, 그 일치 속에 살아가는 것이 종교적인 삶의 진정한 보상이다. 사람이 하나님의 관심을 향해 자신을 열면 하나님도 인간의 기쁨을 공유하신다. 인간의 욕구는 근본적으로 하나님의 목적에 헌신할 때 만족을 얻는다.

세계는 갈등과 어리석음, 증오로 갈기갈기 찢겨 있다. 우리의 과업은 세계를 정화하는 것, 밝히는 것, 고치는 것이다. 모든 행위는 그 구원을 위한 노력에 도움이 되거나 그 노력을 훼방한다. 사람은 하나님과 하나 되지 못하고, 진정한 자기 자신과도 하나 되지 못한 채로 있다. 우리의 과제는 시간 속에 영원을 불러오는 것, 광야에 길을 여는 것, 사막에 하나님의 대로를 평탄하게 하는 것이다.

유대교는 사유가 아닌 행동의 도약을 요청한다. 자신이 이해하는 것보다 더 많이 이해하기 위해 자신의 욕구와 이해를 넘어서는 행동을 요구한다. 그렇게 토라의 말씀을 행함으로 우리는 영적인 의미가 현존하는 자리로 이끌린다. 행위의 황홀경을 통해 지금 이곳에 임하시는 하나님을 배운다. 바른 삶이 곧 바른 사유에 이르는 길이다. 그러한 깨달음에 이르려면 무엇을 해야 할까? 어떤 헌신이 있어야 할까? 어떤 신념을 계속 지켜야 그곳에 이르게 될까? 우리의 삶의 방식은 하나님의 형상으로 창조된 우리의 본질과 양립해야 한다. 그 형상은 왜곡될 수도, 심지어 상실될 수도 있기에 우리는 그 형상을 지키려 마음을 기울여야 한다. 우리는 힘과 아름다움에 대한 감각뿐만 아니라 존재의 장엄함과 신비에 대한 감각에도 충실해야 한다. 그것이 우리가 살아가는 방식이어야 한다. 존재의 진정한 의미는 하나님의 임재 안에서 살아가는 순간 속에서 드러난다. 우리가 마주한 문제는 이것이다. 우리는 어떻게 이 신앙과 일치된 삶을 살 수 있을까?

하나님의 형상으로 창조된 존재로서 **인간은 어떻게 살아야 하는가?** 삶의 장엄함과 신비에 상응하는 삶, 삶의 방식은 어떤 것인가? 우리는 늘 이 문제를 외면하려 애쓴다. 로마의 도시 팀가드의 대로에서 발견된 비문에는 이렇게 적혀 있다. "사냥하고 목욕하고 도박하고 웃는 것, 그것이 곧 사는 것이다." 그러나 유대교는 이런 단순한 표어와 달리, 삶의 진지함과 장엄함을 기억하게 한다.

인간은 언제 삶의 진지함과 장엄함을 자각하게 되는가? 어떤 차원에서 그것을 깨닫게 되는가? 어디에서 자기 존재의 본질을 발견하게 되는가? 영혼의 상태를 진단하고 치유할 필요를 느끼게 되는 때는 언제인가? 자기 성찰의 고독 속에서 자아는 마치 아름다운 사유와 이상이 샘솟는 샘처럼 느껴질 수 있다. 그러나 그 사유란 그저 어떤 주문처럼 허황된 것일 수 있고 그 이상이란 잠시 빌려 쓴 왕관처럼 자기의 소유가 아닐 수 있다.

우리는 행동함으로써 삶을 진정으로 자각하게 된다. 누군가에게 해를 입히고 상처를 주는 힘, 망치고 파괴하는 능력, 기쁨을 누리고 누군가와 그것을 나누는 힘, 자기 안에 있는 진장과 사람들 사이에 있는 갈등을 완화시키거나 키우는 능력은 모두 행동 속에 있다. 우리는 행동을 통해 이 모두를 자각한다. 즉 사유, 성찰이 아니라 으지 속에서 우리는 진정한 나 자신을 만난다. 그 지점에서 내가 바라는 나가 아니라 실제 나 자신을 만난다. 인간은 행동으로 자신의 욕구와 억압된 욕망까지를 드러내며, 자신이 미처 자각하지 못한 것들도 노출한다. 감히 생각하지도 못하는 것들도 행동을 통해 밖으로 나온다. 그렇듯 마음은 행동 속에서 드러난다.

그러므로 행동은 시험이자 심판대이며 또 그 자체로 위험 요소다. 아주 사소해 보이는 행동도 그 여파는 엄청나다. 개인이 저지르는 잘못된 행동에서 한 나라의 재난이 시작될 수 있다. 해는 저물어 사라지지만 행위는 계속 이어진다. 우리의 모든 행동 위에 어둠이 드리운다. 평생 자신이 한 행동을 한눈에 볼 수 있다면 우리는 무엇을 느끼게 될까? 아마도 우리는 자신의 행동과 그 힘에, 그 영향력의 크기에 두려워 떨 것이다. 양심과 마음에 우리의 모든 행동을 묶어 두는 일은 불가능하다. 그것은 급류를 한 줄기 갈대에 묶어두는 일과 같다. 단 하나의 행동도 무수한 결과를 낳고 가장 강한 사람도 이를 통제하거나 예측할 수 없다. 행동은 그처럼 통제할 수 없는 급류의 시작이다. 그 한 행동이 무수한 이들의 삶에 예측할 수 없는 영향을 끼치고, 그 모든 삶이 그 여파에, 영향력의 사슬에 메인다. 우리는 의도할 수 있을 뿐이며 그 의도는 스쳐 지나간다. 그러나 그 의도에서 비롯된 행위의 결과는 우리의 힘을 넘어서서 오래오래 지속된다. 신비를 걷어내고 세계를 응시하면 사람은 행동 자체에 대한 두려움에 압도된다. 하나님의 길을 모르는 채로 이 지식을 갖게 되면 두려워하게 되고, 그 두려움은 이내 절망이 된다.

우리는 무엇을 해야 하는가? 어떻게 우리 삶을 살아야 하는가? 이는 윤리학의 기본 물음이지만 종교의 물음이기도 하다. 종교 철학은 이렇게 물어야만 한다. 우리는 왜 이런 물음을 묻는가? 그 물음에 의미가 있는가? 어떤 근거 위에서 이에 대해 말할 수 있는가? 윤리학에서 이는 인간 존재의 본성에서 솟아난 필연적인 물음이다. 그러나 종교에서 이것들은 하나님의 질문이다. 이 물음에 대한 우리의 대답은 사람뿐 아니라 하나님과도 관련이 있다.

"나는 무엇을 해야 하는가?" 칸트에 따르면 이는 윤리학의 기본 질문이다. 그러나 우리는 더 근본적인, 윤리학 자체를 성찰하는 메타윤리학적인 물음을 물으려 한다. 윤리학의 물음은 특정한 행위를 다루지만, 메타윤리학의 접근은 모든 행위를, 행위 그 자체를 가리킨다. 즉 메타윤리학은 '우리가 무엇을 해야 하는가?'뿐 아니라 '우리에게 애초에 행동할 권리가 있는가?'의 문제를 다룬다. 우리는 자연의 힘을 통제하고 정복할 능력을 부여받았다. 그러나 우리는 그 힘을 행사하며 우리가 창조하지 않은 세계를 우리의 의지에 복속시키며, 애초에 우리의 것이 아닌 영역을 침범한다. 우리는 과연 우주의 왕인가 아니면 해적에 불과한가? 누구의 은총으로, 무슨 권리로 우리는 나무의 열매를, 땅의 축복을 이용하고 소비하고 즐기는가? 그렇게 소비하는 특권, 착취하는 힘에 책임은 누가 지는가?

이는 학문적인 물음이 아니라 우리가 매 삶의 순간에 마주하는 물음이다. 인간은 마음먹기에 따라, 모든 존재 중에 가장 파괴적인 존재가 될 수 있다. 우리의 능력이 우리를 파멸시킬 수 있다. 이것이 우리가 처한 곤경이다. 우리는 칼날 위에 서 있다. 상처 입히고, 파괴하고, 모욕하고 죽이기는 너무 쉽다. 한 아이가 태어나는 일은 신비이지만, 수백만 명을 죽이는 것은 기술일 뿐이다. 인간에게는 생명을 창조할 힘은 없으나 파괴할 능력은 있다. 인간의 의지만으로도 그것을 할 수 있다.

이러한 불안 속에 우리는 성서의 주장과 마주한다. 이 세상이 위험으로만 가득 찬 게 아니며 사람은 홀로 버려진 존재가 아니라는 주장. 성서는 그렇게 하나님이 인간에게 자유를 부여하셨고 그분은 우리의 자유에 동참하신다고 말한다. 땅은 주님의 것이며 하나님은 인간을 찾고 계신다. 하나님은 인간에게 땅을 정복할 능력을 주셨으며 우리의 믿음에 그분의 영예가 달려 있다. 그러나 우리는 그분의 능력을 남용했고 그분의 신뢰를 배반했다. 우리는 그분께서 "너는 나를 배신했지만 나는 너를 믿는다"라고 말씀하시리라 기대할 수 없다.

사람은 자신의 행위에 책임을 져야 하고, 하나님은 그 '사람의 책임'을 책임지신다. 생명을 주시는 분은 반드시 율법을 주셔야만 한다. 그렇게 하나님이 우리의 책임에 동참하신다. 그분은 우리가 그분의 법에 충실할 때 우리의 행위 속에 들어오신다. 하나님은 우리 행위의 동역자가 되신다.

하나님과 인간에게는 공동의 과업이 있으며 또한 서로의 책임을 공동으로 진다. 궁극의 수치심은 인간만의 문제가 아니라 하나님과 인간 모두의 내밀한 문제다. 여기에 인간 존재의 의미만이 아니라 창조 전체의 의미가 걸려 있다. 종교는 인간만의 관심사가 아니라 하나님의 호소이며 또한 인간의 간청이다. 이는 인간만을 위한 노력이 아니다. 종교는 인간이 사는 세계에 있고, 그 세계 속에서 행하나 그 목적은 그 세계를 넘어선다. 이것이 성서가 법을 선포하는 이유다. 율법은 인간만을 위한 것이 아니라 인간과 하나님 모두를 위한 것이다.

행동이
마음보다
지혜롭다

행동이 마음보다 지혜롭다

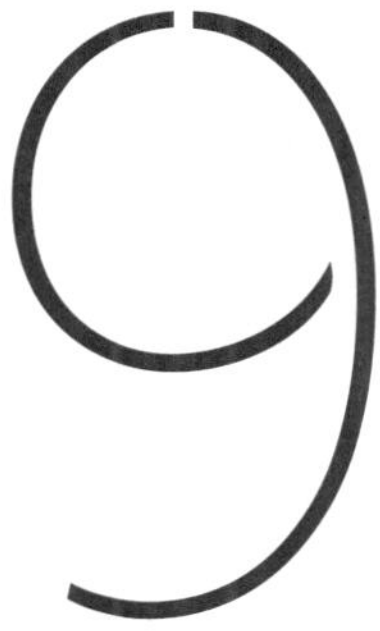

인간관계에 **실패하는 이유**

는 대개 적절한 방법을 모르기 때문이다. 멋진 이상에 도취했고 그것을 칭송하지만, 그 이상에 이르는 방법, 그곳에 이르도록 우리를 돕는 도구를 갖추지 못한 것이다. 그러나 사랑은 사랑하는 방법을 아는 것이다. 맨손으로 살아가는 이, 아무 방법도 모르는 영혼은 많은 것을 이룰 수 없다. 일을 이루려면 도구가 있어야 한다. 손과 마찬가지로 영혼에게도 도구가 필요하다. 도구가 손동작을 돕고, 손의 길잡이가 되어 주 듯 영혼의 도구도 영혼에게 제언하기도, 경고하기도 한다. 영 혼은 목적지를 향하는 길에 계명을 타고 간다.

신앙은 영혼의 밀실에 감춰 둔 보물이 아니다. 신앙은 평범 한 행동을 만들어 낸다. 즉 그것은 행동이라는 화폐를 주조 하는 조폐소다. 영혼 깊이 침잠해 고요한 명상을 하는 성스러 운 것만으로는 충분하지 않다.

기독교 신학의 중요한 문제였던 신앙과 율법의 이분법이 유대교에서는 문제가 되지 않는다. 무엇이 올바른 행동인지 혹은 올바른 의도가 무엇인지를 가리는 것도 근본적인 문제 가 아니다. 근본적인 문제는 '올바른 삶이란 무엇인가'이다. 삶은 나누어질 수 없다. 내면과 외면, 마음과 밖으로 드러나 는 활동은 분리되어 제각기 존재하지 않는다. 행위와 사유는 하나로 묶여 있다. 사람이 생각하고 느끼는 모든 것이 행위에 스며들고 그의 모든 행동에는 생각과 느낌이 담겨 있다.

행동이라는 비용을 치르지 않은 사유, 사유를 도외시하는 행동은 모두 실패하고 만다. 그런 채로는 영혼의 열망을 이룰 수 없다. 조각 작품은 예술가가 내면에 품은 비전에서 나오 는가? 돌과 씨름했던 행동에서? 조각 작품이 세상에 나오려 면 그 모두가 있어야 한다. 올바른 삶이란 마치 예술 작품과

같다. 그가 살고자 하는 삶에 대한 비전과 구체적인 상황과의
씨름이 한데 얽혀 올바른 삶을 낳는다.

유대교는 일반론에 반대하며 행동과 유리된 삶의 의미를
찾으려 하지 않는다. 의미가 별개의 실체인 듯 여기지 않는 것
이다. 그렇게 관념을 행동으로 전환하고, 형이상학적 통찰을
일련의 행동들로 번역하며 가장 숭고한 원칙을 일상적인 행
동과 이으려 한다. 그 전통에서 추상적인 것은 구체적인 것이
되고, 시공을 초월한 가치가 시간과 공간 속으로 들어온다.
구체적인 삶이라는 무대에 거룩함이 오르고, 거룩한 존재와
가족이 된다. 그렇게 우리는 하나님의 현존을 자각한다. 사색
으로는 파악할 수 없던 것을 행동 속에서 이해하는 것이다.

개인 내면 안에 은밀한 거룩, 거룩한 감정, 선한 의도만으
로는 충분하지 않다. **세계는 그 이상을 필요로 한다.** 하나님
이 우리의 마음을 요구하시는 이유는 그분이 원하시는 것이
우리의 삶이기 때문이다. 하나님과 일치된 삶, 사람의 유한한
사랑을 훌쩍 뛰어넘는 행동을 통해 이 세계는 구원받는다.

행동은 의도보다 덜 모호하다. 실은 행동 자체에 본질적인
의미가 있다. 그가 어떤 의도로 그런 행위를 하든, 행동은 그
자체로 이 세계에 의미를 더한다. 취약한 아이에게 음식을 주

는 행위는 그 의도가 얼마나 도덕적이었는지와 무관하게 의미가 있다. 하나님은 온 마음을 요구하시며, 우리는 이에 행동으로 응답한다. 마음은 행동이라는 언어로 표현되어야 한다.

순수한 마음만이 경건의 유일한 척도라는 주장은 우리의 한계를 넘어서는 추정이다. 그것은 적어도, 오만의 발로다. 완벽한 순수함을 어떻게 얻고 어떻게 유지할 수 있는가? 우리는 이에 대해 거의 알 길이 없다. 어느 누구도, 가장 고상하고 아름다운 욕망도 아무 불순물이 없다고, 불순함을 모두 깨끗이 제거했다고 자신할 수 없다. 자아는 유한하나 이기심은 무한하기 때문이다.

물론 하나님은 마음을 요구하신다. 그러나 마음은 황혼 녘의 어스름한 빛과 같다. 마음은 그렇게 어렴풋하고 불확실한 채로 눌려 있다. 하나님은 믿음을 원하시지만, 마음은 자신의 믿음을 확신하지 못한다. 그러나 다행히도 마음의 밤에는 결단의 새벽이 온다. 그 새벽에 믿음은 행동으로 드러나고, 그것을 확증할 수 있는 명확한 형태를 갖춘다.

삶이라는 장터에서 마음은 종종 외로운 목소리다. 사람은 고매한 이상을 마음에 품고도 '금을 나르며 엉겅퀴나 먹는' 당나귀처럼 행동할 수 있다. 야만적인 환경 속에 어떻게 고귀하게 살 것인가. 즉 영혼의 통찰과 일치된 행동을 위해 혀와

감각을 어떻게 설득하고 훈련할 것인가. 거기에 영혼의 문제가 있다.

온전한 삶은 마음에만 달린 것이 아니다. 그것은 도덕법을 자각하는 것 이상이다. 가장 깊은 너면의 방은 삶의 가장 바깥 전초기지에서도 지켜야 한다. 종교는 영성주의와 다르다. 구체적인 삶에서, 물리적인 장소에서 하는 일이 거룩과 직접 관련이 있다. 영성은 그 자체로 목적이지 길이 아니다. 음악이 물리적인 악기를 통해 연주되듯 유대인에게 계명이 그렇다. 유대인에게 계명들은 거룩함을 연주하는 악기다. 인간이 그저 정신적인 존재라면 예배는 사유로만 이루어져 있을 것이다. 그것이 하나님과 소통하는 형식이 될 것이다. 그러나 인간에게는 몸과 영혼이 있고, 인간의 목적은 '마음과 육신 모두로 살아 계신 하나님을 노래'하는 삶이다.

하나님의 현존, 하나님의 영광은 어디에서 찾을 수 있는가?
이 세계와 ("온 땅에 그의 영광이 가득하다"[사 6:3]) 성서, 거룩한 행동 속에서 찾을 수 있다. 하늘만이 하나님의 영광을 선포하는가? 그러나 시편 19편이 "하늘이 하나님의 영광을 선포한다"로 시작해서 토라와 계명(미쯔바)을 찬양하는 노래로 끝맺는다. 이 말씀에 깊은 의미가 담겨 있다.

이 세계와 말씀 그리고 거룩한 행위 모두에 하나님의 영광이 가득하다. 하나님은 산이나 숲보다 성서와 친절한 행동들, 예배 속에서 더 직접적으로 드러나신다. 자연 속에 하나님이 깃들어 계신다고 믿는 믿음 이상으로 **우리의 행동 속에 하나님이 깃들어 계신다**는 믿음은 의미가 있다. 실제로 유대교는 사물의 세계 속에서 하나님을, 그분의 임재를 찾기보다, 어떻게 하면 우리가 사물을 다루는 방식 속에 그분이 임하실 수 있을지를 묻는다. 즉 공간뿐 아니라 시간 속에서 하나님과 함께할 길을 찾는다. 이것이 미쯔바(하나님이 명하신 선행)가 최고의 원천인 이유다. 거룩한 행동은 종교적 통찰과 종교적 경험의 보고다. 그 길에서 거룩함은 명징하게 스스로를 드러낸다. 많은 말을 하지는 않지만 우리는 행동으로 하나님을 표현하며, 그 행동 속에 어떻게 살아야 하는지 알 수 있다.

하나님은 한 분이시며 그분의 영광도 하나다. 그 '하나'는 온전함을, 나누어질 수 없음을 뜻한다. 그분의 영광은 여기에 조금, 저기에 조금씩 나뉘어 있지 않다. 오히려 이곳과 저곳 모두에 온전히 임한다. 그러나 지금 여기, 이 세계에서 그 영광은 감추어져 있다. 거룩한 행동과 거룩한 순간, 제의적(희생적) 행동 속에 그 영광이 드러난다. 그러므로 미쯔바를 행할 때 그 사람은 외롭지 않다. 미쯔바는 하나님과 사람이 만나는 장소이기 때문이다.

우리는 사물과 공간 속에서 만나는 식으로 그분을 만나지는 않는다. 하나님을 만난다는 것은 내면에서부터 그분의 실재를 확신하는 것, 그분의 뜻을 자각하는 것을 뜻한다. 그러한 만남과 그러한 임재를 우리는 행동 속에서 경험한다.

"주님께서 나에게 베푸신 모든 은혜를, **내가 무엇으로 다 갚을 수 있겠습니까?**"(시 116:12). 우리를 에워싼 신비들에 어떻게 응답할 수 있을까? 형언할 수 없는 영혼의 부름에는 어떻게 답해야 할까? 실로 이는 종교의 보편적인 물음이다. 세계는 경이로 가득하다. 그 부름에 누가 응답할까? 누가 이것에 신경을 쓸까? 단순한 경탄과 경외는 답이 되지 못한다. 오히려 경외는 물음을 불러일으킨다. 경외가 깊어질수록 그저 경외심을 느끼는 것으로는 충분하지 않다는 깨달음이 선명해진다. 경외는 경외심이 불러오는 물음에 답이 되지 못한다. 모든 찬양을 넘어서는 분을 찬양하는 것으로 충분한가? 경외심의 가치는 무엇인가? 우리의 모든 노래와 찬양은 미약할 뿐이다. 우리가 가진 모든 것, 우리의 존재 전부를 드릴 수 있다면 얼마나 좋을까? 형언할 수 없는 것에 대한 유일한 답은 형언할 수 없음에 걸맞은 삶, 그러한 삶의 방식이 될 것이다.

인간의 삶은 이성과 신비가 만나는 지점이다. 인간은 이성만으로는 살 수 없고 신비만으로는 번성할 수 없다. 신비에 항복하면 숙명론에 빠지고 이성만 붙들면 유아론에 빠진다. 인간은 신비 너머의 무엇과 소통하도록 이끌린다. 사람 안에 형언할 수 없는 것은 그 형언할 수 없는 것 너머를 향한 길을 찾고자 한다.

이스라엘은 그 신비 너머에 계신 분과 친밀히 마주하는 법을 배웠다. 이성을 넘어서는 곳에 신비가 있으나 신비 너머에는 자비가 있다. 어둠 속에서 목소리가 들려온다. 궁극적 신비는 수수께끼가 아니라 자비의 하나님이라고 폭로하는 목소리, 그 모든 것의 창조주가 "하늘에 계신 아버지"라는 목소리다.

동기의 순결함과 내면의 믿음과 같은 덕목에 주된 강조점을 두는 **그 어떤 종교적, 윤리적 가르침은** 좌절할 수밖에 없다. 내면의 믿음만이 유일한 기준이라면 인간의 노력은 실패할 수밖에 없다. 실제로 유대교가 내면의 헌신보다 행동을 주요 원천으로 삼게 된 이유에는 이것에 대한 자각, 인간의 마음이 유약하고, 신뢰할 수 없다는 데 대한 지식이 있을 것이다. 랍비들의 조언에 담긴 깊은 의미는 이것이다. 비록 선 그 자체를 위해 그렇게 하는 것이 아니더라도, 의도가 온전하지 못하더라도, 선한 행동을 계속해야 한다. 행동의 의미는 행동을 통해서 배울 수 있다.

순수한 의도에 이르는 길은 선한 행동으로 포장되어 있다. 선은 행동으로 실현되며, 선행에 강하게 몰입하고 매혹되면 자아의 이기적인 정렬과 우리를 지배하는 욕구를 벗게 된다. 우리가 올바른 과업(계명)을 마주하고 또 수행할 때 우리의 자아도 구원받는다. 그 과업에 몰입하고, 피할 수 없는 요청에 응할 때 자아의 이기성에서 해방되는 것이다. 우리를 사로잡고 영혼을 매혹하는 것은 바로 행동이다. 가장 위대한 아름다움은 자아로부터 가장 먼 곳에서 자라난다.

이상적인 목표를 향해 나아가는 행동, 곧 부주의하게, 안일하게 행하는 관례와 달리 그 목적에 전심으로 복종하고 분투하는 행동은 변덕이나 예상치 못한 상황의 공격을 이긴다. 거룩한 목적을 섬기면 비열한 동기조차 변화시킨다. 그 행동이 매우 엄격하기 때문이다. 그 행위 자체가 우리에게 온전히 그 행위에 전념할 것을 요구하는 것이다. 어떤 동기를 품고 있든 그 일이 일어난다. 시인이 시를 창작하는 순간에 어떤 보상을 바라지 않듯, 그가 그 보상에 이끌려 시를 쓰지 않듯, 종교적 행위도 그렇다. 그 행동은 본질상 어떤 이익 혹은 어떤 즐거움을 추구하지 않는다.

예술가가 협주곡 연주에 몰입하는 그 순간에는 박수갈채나 명성, 보상에 대한 생각에서 멀어지게 마련이다. 그는 그 음악에 온 존재로, 온 주의를 집중한다. 그렇게 그의 존재가 그 음악에 깃든다. 그 음악과 무관한 생각이 정신을 어지럽히면 그의 집중력이 끊어지고 연주의 순수함이 훼손될 것이다. 에이전트와 협상하는 순간에는 보상을 고려하더라도, 연주 중에는 그의 정신이 온통 집중된 것은 음악이다. 음악이 그것을 요구한다.

종교적인 혹은 도덕적인 행위를 할 때의 상황도 유사하다. 혼자 남겨진 영혼은 변덕에 휩쓸리기 쉽다. 그러나 행동에는 갈망을 정화하는 힘이 있다. 행동이, 삶 그 자체가 의지를 가르치는 것이다. 선한 일을 하는 데서 선한 동기가 서서히 생겨난다.

애초의 동기가 강하고 또 순수하다면 행동하는 동안 불쑥 솟아나는, 행동을 방해하는 의도조차도 그 행동에 더욱 활기를 북돋는 것이 될 수 있다. 애초의 의도가 그 침입자의 활력까지를 흡수해 더욱 강해지는 것이다. 사람은 이기적인 동기로 가득하지만, 행동과 하나님이 그 동기보다 더욱 강력하시다. 선을 행하는 과정에서 구원하는 힘이 발휘되고, 그 과

정이 우리 마음을 깨끗하게 한다. 행동이 마음보다 더 지혜
롭다.

무언가가
우리에게
요구된다

×

사람은 어떻게 하나님의 길을 **확신할 수 있을까?** 그분의 길이 진정 하나 됨에 있다는 것을 어떻게 확신할 수 있을까? 감히 신비 너머에 무엇이 있다고 가정하는 게 가능할까? 그러나 이 세계에 속하지 않은 무언가가 존재하며, 그 현존에 우리가 노출되었다는 확신을 사람은, 인간 존재는 피할 수 없다. 그 확신은 미적인 관조 속에서 완성되지 않으며 오히려 그 현존에 합당한 삶을 살라고 요구한다.

앞서 이야기했듯 믿음은 삶의 신비에 대해 느끼는 감정, 경외감, 놀라움, 감탄에서 시작되지 않는다. 종교의 근본에는 삶의 신비에 대한 감정을 가지고 무엇을 할 것인지, 그 경외와 놀라움 경탄으로 무엇을 해야 하는지에 대한 물음이 자리하고 있다. 종교는 '우리에게 무언가가 요구된다'는 자각에서 시작된다. 그 긴장되고 영원한 요구가 영혼을 사로잡고, 인간의 응답을 이끌어 낸다.

무언가가 우리에게 요구된다. 그런데 그 무언가는 무엇인가? 우리의 영혼을 휘젓는 그 궁극의 물음은 이름 없는, 신비로운, 강력한, 무엇보다 형언할 수 없는 것이다. 누가 그 물음을 말로 표현할까? 누가 우리에게 하나님의 길을 가르쳐 줄까? 우리가 택한 길이 그분이 우리에게 원하시는 길임을, 우리가 그것을 추구하기를 바라심을 어떻게 알 수 있을까?

통찰의 순간 우리는 "돌아오라"는 부름을 받는다. 그러나 어떻게 돌아갈 수 있을까? 그분께로 돌아가는 길은 무엇인가? 우리에게는 장엄함에 대한 감각, 신비에 대한 감각이 있다. 그러나 그 신비에 어떻게 응답해야 할지를 누가 말해줄 수 있을까? 그 장엄함과 신비, 영광에 맞갖은 삶의 길을 말해줄 이는 누구일까? 우리가 가진 것은 한낱 지각일 뿐, 그 응답을 구체화할 언어도, 표현할 행동도 없다.

인간은 통찰만으로 살 수 없다. 신조가 필요하고, 교리가, 표현이, 삶의 방식이 필요하다. 통찰은 인간의 소유물이 아니다. 그것을 안전하게 보유하기란 불가능하다. 통찰의 순간은 모호하며 산발적이다. 그것들은 신성한 불꽃 같아서 반짝하고 나타났다가도 이내 흐릿해지고 이전과 거의 다름없는 암흑과 같은 어둠 속으로 돌아가 버린다. 문제는 이것이다. 그 희귀한 통찰의 순간들이 어떻게 우리의 전 생애와 이어지게 할 수 있을까? 어떻게 직관을 개념으로, 말할 수 없는 것을 말로, 통찰을 이성적인 이해로 전유할 수 있을까? 어떻게 우리의 통찰을 다른 사람들에게 전하고 신앙 안에서의 우정으로 하나 될 수 있을까?

모두가 충분히 강력한 통찰의 순간을 경험하는 건 아니다. 그 불꽃은 한 영혼을 밝히기에는 충분하지만 온 세계를 비출 만큼은 아니다. 분명 통찰의 순간 하나님은 한 영혼에게 자신을 드러내신다. 그러나 하나님께서 "빛이 있으라" 하신 것은 온 세상이 보게 하시기 위함이 아니던가? 그분은 온 세상이나 한 민족, 공동체를 향해 말씀하지 않으시는가? 끝없이 하나님을 찾아 나선, 힘없는 이들을 위해 역사 속에 아무 흔적도 남기지 않으셨던가?

이 세계에 대해 사유하려면 안내가 필요하다. 논리와 과학적 방법들 없이, 그것들의 안내 없이 우리는 앞으로 나아가지 못한다. 그처럼 살아계신 하나님에 대해 사유할 때 우리는 예언자들의 인도를 받아야만 한다.

이스라엘의 유산을 공유하는 이들은 하나님이 언제나 찾기 힘든 분이 아니라고 믿는다. 그분은 인도자로 선택받은 이들에게 자신의 비밀을 털어놓으신다. 우리는 하나님을 표현할 수 없지만, 하나님은 자신의 뜻을 우리에게 표현하신다. 하나님의 말씀을 통해 우리는 하나님이 선과 악 너머에 계신 분이 아님을 깨닫는다. 우리가 그 인도를 받지 못했다면 우리의 사유는 여전히 혼돈 속에 남겨져 있을 것이다.

마치 하나님이 역사 속에 들어오셨던 일이 없던 것처럼 그분을 기다리는 것을 옳지 않다. 시내산 이후 시대를 사는 이라면 하나님을 추구하는 과정에서 하나님이 사람을 찾으신다는 사실을, 그 실재를 이해하는 법을 배워야만 한다. 예언자들의 세계, 인간을 기다리고 계신 하나님의 모습을 결코 잊어서는 안 된다.

조각가가 대리석 덩어리를 만지듯 성서는 우리의 가장 탁월한 직관을 조각한다. 그렇게 대리석이 품고 있던 형상이 드러나듯, 신비는 드러난다.

개인적인 통찰과 영감은 예언자들이 실어 나르는 메시지를 받아들일 수 있도록 우리를 준비시킨다. 그렇게 우리는 물음을 이해한다. 계시는 물음에 대한 답이며, 그 답을 이해하려면 물음을 이해해야 한다. 우리는 개인적인 통찰로부터 믿음을 얻게 되는 것은 아니다. 우리가 이스라엘 공동체의 일부라는 사실, 예언자들의 믿음을 공유한다는 사실 덕에 믿음은 믿음이 된다. 그들의 말씀이 우리의 통찰이 참된지를 판단하고, 시험한다. 그로부터 규범이 나온다.

우리는 예언자들을 통해 신비 너머에 계신 분을 마주한다. 형언할 수 없는 분이 예언자들 속에서 목소리가 되어 나타난다. 그 목소리는 그 신비가 우리와 저 먼 곳에 떨어져 있는 분이 아님을, 고대인들이 믿었던 수수께끼가 아님을, 정의이며 자비이심을 밝히 드러낸다. 그분은 우리 삶에 책임을 묻는 힘이며, 우리 삶의 모범이 되신다. 그분은 미지의 존재가 아니다. 아버지이시고 아브라함의 하나님이시며 그 자비와 인도가 온 세대에 끝없이 이어진다. 버려졌다고 느끼는 한 사람까지도 그분을 자기 조상들의 하나님으로 기억한다.

개인의 통찰만으로는 삶의 모든 문제를 다룰 수 없다. 우리는 전통의 인도를 의지해야 하며 율법을 해석하고 또 적용하는 법을 배워야 한다. 우리는 목적뿐 아니라 그 목적에 다다르는 수단까지를 배워야 하며 일반 법칙뿐만 아니라 구체적인 형식도 배워야 한다.

유대교는 우리에게 양심의 목소리**뿐만 아니라** 하나님이 주신 율법에도 귀 기울이라고 요구한다. 선은 추상적인 사유가 아닌 명령이며, 그 행동은 궁극적으로 하나님을 향한 **응답**이다.

성서의 신성함은 겉으로 드러나지 않고, 어리석고 공허한 마음에는 명징하게 보이지 않는다. 이는 우주의 신성함이 타락한 이들에게 명백하지 않은 것과 같다. 우리가 텅 빈 영혼으로, 지적 허영심으로, 우리의 우월함을 드러내려 애쓰며 성서를 대하거나 황폐한 영혼으로 예언자의 말씀을 구경꾼처럼 본다면, 우리는 핵심을 놓치고 껍데기만을 보게 된다. 거룩함을 느끼는 것보다는 아름다움을 즐기는 편이 쉽다. 말씀 속에 있는 아버지의 영을 만나려면 우리는 하나님의 심정(파토스)과 친밀해지기를 바라야 한다. 그것을 갈망하는 법을 배워야 한다.

성서를 통해 하나님의 현존을 감지하려면 성서 속에서 **하나님의 임재 앞에 있는** 법을 배워야 한다. 임재는 개념이 아니라 상황이다. 사랑을 이해하려면 사랑 이야기를 읽는 것만으로는 충분하지 않다. 사랑을 경험해야 한다. 예언자를 이해하려면 예언자의 삶에 참여해야만 한다. 영감을 이해하려면 영감을 받아야 한다. 생각하지 않고 생각을 알 수 없듯 거룩하지 않은 이는 거룩함을 느낄 수 없다. 그분의 임재는 그 임재에 참여하지 않고 판단하는 이, 자신이 소중히 여기는 가치 너머로 나아갈 힘이 없는 이, 이해할 뿐 그 심정을 느끼지 못하는 이, '하나님'이라는 개념을 알 뿐 그분의 실재를 모르는 이들은 하나님의 임재를 경험하지 못한다.

성서는 영혼의 국경이다. 성서를 발견하고 또 탐험하려면 우리는 그 경계를 넘어 그 안으로 들어가 살아야만 한다. 성서는 그에게 자신을 맡기고 그와 친밀한 관계를 맺고 살아가는 이들에게 열려 있다.

우리는 그 임재에 응답함으로 임재를 감지할 수 있다. 우리는 듣기 전에 응답하는 법을 배워야만 하며 알기 전에 행하는 법을 배워야만 한다. **성서를 알 수 있게 해 주는 것은 성서다.** 성서 속에 있는 것을 발견하게 하는 것 역시 성서다. 즉 우리가 말씀과 대면하지 않고, 예언자들과 대화를 계속 이어가지 않으면, 우리가 응답하지 않으면, 성서는 더 이상 성서이기를 그친다.

우리는 순환 논리 속을 돌고 있다. 성서의 말씀 속에 그분이 임재하신다는 것을 확신할 수 있다면 우리는 성서를 받아들일 것이다. 그런데 그분의 임재를 확인하려면 그분이 누구이신지를 알아야 하며, 그 지식은 오직 성서로부터만 얻을 수 있다. 자신의 관점에 둘러싸여 있는, 나의 관계와 나의 욕망에, 나의 갈망에 매여 있는 사람은 "이분이 하나님이시며, 오직 이분만이 하나님이시다"라고 다른 모든 사람을 향해, 모든 시대를 향해 선포할 수 없다. 그러므로 우리는 성서를 알기 위해 성서를 받아들여야 하며 성서의 고유한 특질을 감각하기 위해 그 고유한 권위를 받아들여야 한다. 실로 이것이 믿음의 역설이며 존재의 역설이다.

매일의 일상에서 말은 의미를 전하는 수단이다. 그러나 성서에서 말은 곧 행동이며, 그저 의미를 표현하는 도구 이상이다. 말은 신성한 힘이 담긴 그릇이며 창조의 신비다. 예언자의 말은 창조하고, 빚고 변화시키고 세우고 파괴한다(렘 1:10 참조).

사람이 말할 때 그는 특정한 의미를 전하려 한다. 그러나 예언자의 말은 모든 의미의 근원을 폭로한다. 성서의 말씀은 영혼의 원천이다. 그 말씀이 영혼에 불을 붙일 때 우리는 잃어버린 존엄을, 감추어져 있는 근원을 발견한다. 그 빛을 받아 우리는 불현듯 시간 속에서 영원을 감지하고 싶은 그 끝없는 갈망을 기억하고, 또 회복한다.

"기도하는 자는 하나님께 말하지만, 성서를 읽는 자에게는 하나님이 말씀하신다." "주의 율법의 주께서 나와 대화하신다"(요시폰)*.

신앙은
영혼의
행동이다

하나님에 관한 생각은 정신의 한계 지점에서, 육지가 끝나는 그 거친 바닷가에서 시작된다. 그곳은 웅성거리던 속삭임이 돌연 끊어지고, 우리가 어떻게 열망하고 경외해야 할지 더 이상 알지 못하는 곳이다. 우리의 사색이란 드넓은 해변에 놓인, 인위적으로 만들어 낸 바위에 지나지 않는다. 오직 그 벼랑 끝에 살 줄 아는 이만이 바위에 걸리지 않고, 헛된 확신에 매이지 않고 그 해변 너머로 나아갈 수 있다.

모든 문제들의 문제, 가장 본질적인 문제는 이론적인 사변이 아니라 형언할 수 없는 신비에 대한 감각으로 포착할 수 있다. 언제나 드러난 것이 아닌 그 이면에 숨겨진 것, 합리적인 지혜가 아니라 우주 설계의 신비가, 우리 안에 존재하는, 어떻게 물어야 할지조차 모르는 물음이 인간의 불안이라는 불길에 기름을 붓곤 했다. 이렇듯 종교는 형언할 수 없는 신비에 대한 감각에서, 지혜가 무력해지고 개념이 산산이 부서지는 현실에서 시작된다. 그러므로 우리는 그 형언할 수 없는 것에서부터 시작해야만 한다. 그렇지 않으면 문제 자체가 존재하지 않게 된다. 그 인식으로 돌아가야 한다. 그것 없이는 어떤 해법도 무용하게 되고 만다.

믿음은 우리 의지의 산물이 아니다. 믿음은 어떤 의도나 의지 없이 생긴다. 말은 입 밖으로 나오는 순간 소멸하지만 믿음은 바람에 섞이는 숨결처럼, 연인을 깊이 이어주는 침묵처럼 살아 있다.

하나님의 존재에 대한 믿음은 논리적 전제로부터 도출된 결론이 아니고, 느낌이나 감정의 산물도 아니다. 등을 기대고 앉아 관찰하거나 내면의 소리에 귀 기울여서 갖게 된 생각도 아니다. 우리가 어떠한 결론에 도달했기에, 혹은 감정에 압도되어 믿는 것도 아니다. 그것은 정신 안에서 일어나는 하나의 전환이면서도, 자신의 정신 너머로부터 오는 힘에 의한 전환이며, 믿을 수 없는 것과 맞닥뜨리는 충격이다. 우리는 그로 인해 불가피하게 믿음으로 이끌린다.

사람들은 왜 자신이 하나님이 존재하신다고 믿어야만 하는지를 **조목조목 설명하려 애쓴다.** 그러나 그러한 설명은 땅에서, 지표면에서 이미 잘 익은 밀을 거두는 일과 같다. 믿음은 그 모든 이성 너머에서, 땅 깊은 곳에서, 씨앗이 나무로 변하는 그곳에서 믿음의 행동으로 일어난다.

영혼은 자신의 가장 깊은 비밀을 이성적 사고의 수준으로 길어 올리는 법을 잘 모른다. 그러므로 우리는 믿음의 표현과 행동을 동일시해서는 안 된다. 믿음의 표현은 진리에 대한 확언이며, 분명한 판단이고 확신이지만 믿음은 그 자체로 하나의 행동이다. 저장해 두는 무엇이기보다 일어나는 사건이며, 인간이 하나님의 영광과 교감하는 순간이다.

그렇다면 행동의 본질은 무엇인가? 그것은 어떻게 일어나는가? 이는 시편 기자의 질문이었다. 하나님을 찾는 지혜로운 자가 있는가?(시 14:2) 코츠크의 랍비 멘델은 이 구절을 이렇게 해석한다. "자신의 이성 외에 아무것도 가진 게 없는 이가 하나님을 찾을 수 있는가?"

많은 이들이 어떤 모험이든 기꺼이 떠나려 하면서도 고요 속에 들어가 기다리는 일만은 하지 않으려 한다. 우리는 지혜의 모든 보물을 땅속에 비밀스레 감춰 둘 줄 모른다. 그러나 '시간'이라고 부르는 땅에 영혼을 심어 그 씨앗이 저 너머로까지 자라도록 내버려 둘 줄 알아야 한다. 믿음은 일생 깊은 곳에 심긴 씨앗이 맺는 열매다.

그들은 믿음을 하나님이라는 신비에 이르는 빠른 길로 여긴다. 끝없이 이어지는 어지러운 비판적 추론의 고속도로를 가로지르는 편리한 지름길 정도로 간주한다. 그러나 진실은 이렇다. 믿음은 길이기보다 길을 깨뜨리는 무엇이다. 무감각이라는 산을 끝없이 파헤치는 영혼의 통로다. 믿음은 부당하게 받은 선물이거나 우연히 발견하는 보물이 아니다.

우리는 어쩌다 우연히 믿음에 이르게 되는 게 아니다. 믿음은 고단하고 지난한 돌봄, 경계를 늦추지 않는 긴장, 한 가지 비전을 진실하게 끝내 붙드는 속에서 맺히는 열매이다. 그것은 타성에 안주하지 않고, 하나님께 늘 온전히 응답하고자 하는 끝없는 열망이다.

가장 명백한 자연 현상조차 애써 알려 하지 않는 이에게는 보이지 않듯, 준비되지 않은 이에게 과학적 통찰이 절로 주어지지 않듯, 거룩함에 지극하게 응답하고, 민감하게 반응하지 않으면 거룩함을 제대로 이해할 수 없다. 의지가 청결하지 않으면 우리의 마음은 하나님이 침투하지 못하시는 곳이 되고 만다.

하나님을 아는 예술, 일상에서 그분의 임재를 느끼는 예술은 즉석에서 배울 수 있는 게 아니다. 하나님의 은혜는 우리 삶에 스타카토로 울려 퍼진다. 그렇게 겉보기에 서로 끊어져 있는 듯한 음표들을 끈기 있게 잇는 이들만이 전체 선율을 이해하게 된다.

믿음의 빛 속에서 우리는 신비를 밝히 드러내거나 설명하지 않고 모든 사물의 빛을, 그 모두에 스며 있는 신비를, 그 희귀함을 감지하고 흡수한다. 더 많이 알기보다 결코 다 파악할 수 없는 그 무엇에 애착을 갖는다. 삶과 죽음, 모든 것이 자신의 의지 안에 있다고 믿는 이들은 세상을 자신의 지식의 틀 안에 가두려 한다. 그러나 우리 삶에 부여된 그 거룩한 향기에 영원히 무감각할 수 있는 이가 누가 있을까?

경건한 사람은 모든 존재 속에 깃든 신성과 모든 존재의 거룩함을 섬세하게 느낀다. 그는 앎의 기쁨과 깨달음의 희열을 기꺼이 내려놓는다. 믿음은 삶의 장엄함을 드러낸다. 그것을 사랑하는 이는 종교적 확신을 얻으려는 목표와 거리를 두고, 신비를 신비로 내버려 두고 익숙한 것인 양 기만하지 않으며 증거도 기적도 요구하지 않는다. 인간의 사유로 하나님의 존재를 시험해 볼 수는 없다. 모든 증거들은 그분을 향한 우리의 갈증을 드러내는 것에 불과하다. 목마른 이가 자기 갈증을 증명할 필요가 있겠는가?

믿음이 가리키는 영역으로 다가갈 수는 있지만 그것을 관통할 수는 없다. 근접할 수는 있으나 들어갈 수는 없고, 염원할 수는 있지만 파악할 수는 없고, 감지할 수는 있으나 분석할 수는 없다. 믿는다는 것은 이성으로는 신비의 밖에 자리하면서도 영으로는 신비 안에 머무는 것이다.

믿음은 영혼의 행동이다. 영혼은 거룩하신 분의 우월함을 인정하고 초월자의 위대함을 깨달을 용기가 있으며, 그분의 탁월함을 사랑한다. 믿는 사람은 표면적인 것들에 현혹되지 않는다. 그는 지적 오만을 삼가며, 뻔한 승리를 경멸한다. 그는 진리를 소유한다는 것이 곧 진리에 헌신한다는 뜻임을 안다. 받기보다는 주기를 기뻐하며 이해하기보다 믿기를 즐겨하고 이성의 부족함쯤은 대수롭지 않게 여길 줄 안다. 여기에 영혼의 비밀이 있다. 거룩한 것에 우리의 정신을 맞추며, 지고의 존재 앞에 지적으로 겸손한 것. 그것이 이성으로는 파악할 수 없는 비밀이다. 정신이 영혼의 신비 앞에 항복한다. 그 항복은 체념이 아니라 사랑의 행위다. 자신의 운명을 궁극적인 것에 드러냄으로써 그는 하-나님과의 친밀한 관계로 들어간다.

신뢰란 항복을 의미하는가? 믿음은 희생인가? 물론 증명된다고 해서 믿음이 보장되지 않고, 어떤 반론에도 무너지지 않는 성이 아니다. 그러나 보상이 있는 동안에만 봉사하는 것이 선일 수 있을까? 탑은 무덤보다 쉬 흔들린다. 계속되는 의심, 논쟁, 좌절은 믿음을 어리석은 것으로 만들고, 성전을 폐허로 만든다. 시대의 고원에 성스러운 생각을 심는 믿음의 사람들—인류의 황폐한 소망 속에 주님의 뜻을 일구는 비밀 정원사들—이 때로는 해이해지고, 때로 지체하지만, 소명을 배신하는 일은 드물다.

냉소적으로 되기란 지극히 쉽고, 하나님의 존재를 부인하기도 자살만큼이나 쉽다. 그러나 거룩한 것에 대한 감수성을 완전히 박탈당하는 사람은 없다. 가장 가난한 영혼에게도 날개가 있어, 절망의 천장 위로 솟아오른다.

하나님의 실재에 대한 확신은 **경험에서 나오지 않는다**. 그것은 우리의 무능에서 비롯된다. 우리의 정신은 주어진 것을 온전히 경험할 능력이 없다. 그 무능이 초월적인 분을 향한 확신으로 우리를 이끈다. 존재의 질서가 아니라 질서 속에 깃든 우연성이, 우연성 속에 담긴 초월이 가장 깊은 이해로 우리를 인도한다. 그렇게 모든 사물 속에 담긴 초월에 대한 암시들이 우리를 도전해 온다.

그 확신은 경이와 근원적 놀라움의 결과이며 경외심의 산물이다. 이성으로 분별할 수 있는 것 너머에 있는 삶, 삶의 전체, 그 속에 깃든 의미와 신비 앞에 경외감을 느끼는 데서 그 확신은 태어난다. 신앙은 의미로 가득한 신비에 대한 응답이다. 누구도 그 도전을 영원히 무시해 버릴 수는 없기에 우리는 응답한다. 하늘은 하나의 도전이며 눈을 들어 높은 곳을 볼 때 우리는 그 물음을 마주하게 되고 만다. 신앙은 **세계를 초월하시는 그분께 우리 자신을 넘어** 응답하는 행위다.

이 응답은 기실 인간이 본질적으로 존엄하다는 사실에 대한 징표다. 사람의 본질, 그 위대함은 자아를 기쁘게 하고 필요를 채우는 데 있지 않으며 오히려 자아를 넘어 자아 위에 우뚝 서서 자신의 욕망에 눈감고, 거룩함을 위해 자신의 이익을 희생하는 데 있기 때문이다. 다시 말해 판단 자체를 판단해 보려는 충동, 유한하고 손에 잡히는 것 너머의 의미를 찾으려는 영혼의 욕구, 곧 **자신의 지혜를 넘어서려는** 영혼의 충동이 종교적 신앙의 뿌리다.

하나님은 위대한 신비이며 우리는 믿음으로 그분을 더욱 깊이 이해한다. 이성이나 감각이 포착할 수 있는 것 이상을 우리는 믿음으로 붙든다.

한 성인은 초막절 기간 아브라함과 이삭, 야곱, 요셉, 모세, 아론, 다윗이 그의 초막에 오는 것을 본다고 주장했지만, 코츠크의 랍비 멘델은 이 이야기에 "나는 그 하늘의 손님들을 보지 못합니다. 나는 그저 그곳에 그들이 있었다고 믿을 뿐입니다. 그러나 믿음을 가지는 것이 보는 것보다 위대합니다"라고 응수했다.

믿음을 가질 수 있다는 것, 실로 이것은 인간의 위대함이다. 믿음은 자유의 행위이며 또한 독립된 행위다. 믿음은 이성, 감각, 지각과 같은 우리의 제한된, 타고난 능력에서 자유로운, 별개의 행동이다. 믿음은 **영혼의 황홀경**이자, 스스로의 지혜 위로 솟아오르는 행동이다.

그렇기에 믿음의 권고는 예술적인 행위와 반대된다. 예술은 손에 잡히지 않는 것을 손에 잡히는 것에 담아내려 한다. 그러나 믿음은 무언가를 해석하고 명확한 언어로 조형하기보다 그 너머로, 스스로의 지혜 위로 날아올라 세계를 하나님의 관점에서 사유하고, 그분과 관련된 삶을 살아가려 한다.

믿음은 무언가에 굴복하는 것이 아니라 더욱 높은 사유를 향해 비상하는 것이다. 믿음은 인간의 이성을 부정하는 것이 아니라 거룩한 지혜를 나눈다.

"너희는 고개를 들어서, 저 위를 바라보아라. 누가 이 모든 별을 창조하였느냐?"(사 40:26). 보기 위해, 그분의 영광과 임재를 감지하기 위해 우리는 더 높은 사유로 솟아올라야 한다. 더 높은 삶의 경지에 올라 궁극적 물음의 긴박성을 인지하고 영원의 의미, 지고의 의미를 감지하는 법을 배워야 한다. 가장 높은 곳에 다다르지 못한 이, 신비의 영역에 이르지 못한 이, 자신이 신비의 경계에 살아가고 있다는 것을 깨닫지 못한 이, 명백하고 분명한 것만을 지각하는 이는 눈을 들어 그것들을 보지 못한다. 가장 높은 곳은 명백한 것과는 거리가 멀고 가장 높은 지혜는 감추어져 있기 때문이다. 하나님을 믿는 신앙은 그 가장 높은 곳, 신비의 영토를 붙든다. 이것이 믿음의 본질이다. 우리의 신앙은 신비의 영역에 닿는 능력을 갖고 있다.

삼단논법이나 추상화, 개념에서 개념으로 이어지는 **과학적인 사유**로는 하나님에게 이를 수 없다. 하나님이 실재하신다는 것에 대한 앎으로 가는 길은 통찰이다. 궁극의 통찰은 말로 다 할 수 없을 정도로의 감동, 곧 놀라움과 경외, 찬양과 두려움, 떨림, 근원적인 경이의 찰나와 같은 순간들의 결과다. 장엄함을 자각하는 순간, 붙들 수는 있으나 전달할 수는 없는 순간, 미지의 것을 발견하는, 이미 이 세계를 아는 체하는 가식을 버리는 순간들과 같이 **모르는 것에 의한 앎**의 순간을 통해 우리는 믿음을 얻는다.

그러한 순간들의 절정에서 우리는 마침내 확신에 이른다. 의미에 대한 확신, 시간이 그저 덧없이 스러지는 것이 아니라는 확신, 모든 존재 너머에는 그 존재들에 관심을 두는 누군가가 있다는 확신은 그렇게 찾아온다. 다시 말해 종교적인 행동이, 종교적 범주가 충분히 의미가 있으려면 그이가 형언할 수 없는 차원을 살아가고 있어야 한다. 그러한 순간에만 온전히 그 행위에 의미가 생긴다. 사랑의 행동이 사랑하는 이에게만 의미가 있고 마음과 정신이 비뚤어진 이에게는 그렇지 않듯, 종교적 범주 역시 마찬가지다. 궁극적 통찰이란 상징이나 개념 언어 이전의 차원에서 생겨나기 때문이다. 그렇기에 상징 이전의 언어가 담긴 통찰을 개념 언어로, 상징 언어로 옮기기란 어려운 일이다.

개념적인 사유에서는 어느 한순간 분명하고 명백한 것은 다른 순간에도 그렇다. 그러나 궁극적 통찰은 정신의 영속적인 상태이기보다 사건이므로 어느 순간에 명백했던 것도 다음 순간에는 모호해질 수 있다. 우리가 습득하고 유지하는 개념, 이를테면 2 더하기 2는 4라는 개념은 한 번 익히고, 그 것을 확신하면 그 확신은 우리를 떠나지 않는다. 이에 반해 영혼의 삶은 언제나 절정에 머무르지 않으며 하나님의 자비 도 늘 사람에게 지고의 축복을 베푸는 것은 아니다.

벽으로 둘러싸인 인간의 정신으로는 하나님에 대한 지식 에, 그 높은 사다리에 오를 수 없고, 자신의 힘으로 그곳에 가 까이 갈 수도 없다. 그러나 영혼에는 저 너머를 향해 열려 있 는 반투명한 창문이 있다. 혹 그가 하나님께 손을 뻗는다면 그것은 거룩한 빛을 반영하는 행동이다. 그이의 내면에 일어 난 열망은 그 빛으로부터 오며, 그 거룩한 빛이 그 열망에 힘 을 북돋기 때문이다. 우리는 때로 자신의 힘을 거슬러 불타오 르며, 사람이 자신의 깊은 갈망을 정신이상으로 치부하지 않 는다면 그는 그 빛의 면면을 분석해 볼 수 있고, 그 통찰은 진 실의 증거가 될 것이다.

하나님이 늘 침묵하기만 하시는 것도, 사람이 늘 눈이 먼 채 로 머무는 것도 아니다. 하나님의 영광이 세계를 채우고 그분 의 영이 물 위를 맴돈다. 탈무드의 표현을 빌리면 하늘과 땅이 입 맞추는 순간이 있고, 우리에게 알려진 세계 너머, 그 지평선 너머의 베일이 들어 올려지면서 시간 속에서 영원을 보게 되는 순간이 있다. 어떤 이들은 최소한 한 번쯤 하나님 현존의 순간을 경험한다. 또 하나님께 헌신하는 이들의 영혼에 흐르는 아름다움 평화와 힘을 엿본다. 때로 영혼에 천둥 같은 순간이 찾아와 그분의 신비로운 손이 우리를 인도하심을 알게 되고, 다른 이들을 어떻게 이끌어야 할지도 배우게 된다.

우리가 본
하나님의
모습이 아니라
하나님이 보는

우리의 모습

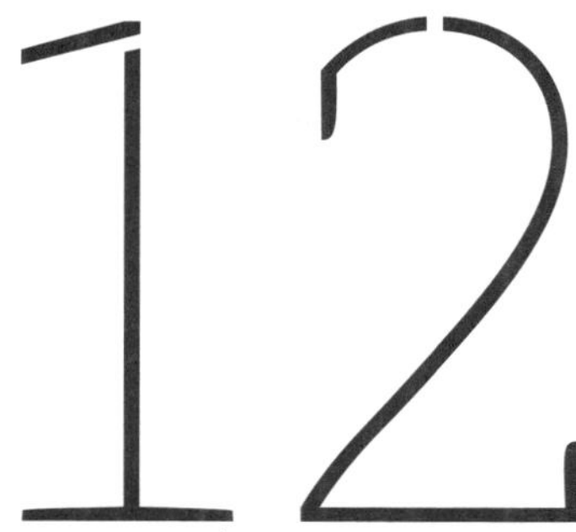

×

이 여정은 베일에 가려진, 헤아릴 수 없는 것을 바라보는 데서 **시작되지 않는다**. 미지의 끝없는 안개 속에서 이 세계에 대한 이해를 끌어낼 수 있을 리 없다. 실상 우리가 무언가를 깨닫는 순간은 알려진 것과 알려지지 않은 것, 평범한 것과 거룩한 것, 손쉽고 재빠른 것과 형언할 수 없는 것 사이의 긴장으로 채워져 있다.

궁극적인 물음은 무지의 안개 속에서 헤매다 수수께끼의

벽에 부딪혔기 때문에 솟은 게 아니다. 영혼이 가난하고 지식이 부족해서 묻는 것도 아니다. 이 물음은 오히려 경이와 마주할 때 일어난다. 우리의 이해를 넘어서는 영혼을 감지할 때, 모든 평범함보다 못한 무엇이 아니라 더 큰 무엇을 마주할 때 우리는 묻는다. 이 세계가 너무도 벅차서, 모든 일상이 경이로 가득해서, 이 세계가 우리의 모든 이해를 넘어서서, 너무도 충만하기 때문에 우리는 묻는다.

하나님에 관한 물음은 만물에 관한 질문이 아니라, 만물 그 자체가 던지는 질문이다. 미지의 것에 대한 물음이 아니라 만물이 표방하는 바를 탐구하는 것이며, 우리가 만물을 대신해 던지는 물음이다. 이 물음은 이성의 범주에 속하지 않으며, 말을 넘어 생생한 **행동**으로 드러난다. 우리의 이성은 그것을 어떻게 표현해야 할지 모른다. 그러나 영혼은 깊은숨으로, 노래로, 간구로 그 물음을 표현한다.

우리가 하나님을 자각하는 것은 침묵의 문법 속에서다. 그 속에서 우리의 영혼이 거룩한 것과 얽히고, 우리 안에 있는 형언할 수 없는 것이 우리 너머에 있는 형언할 수 없는 것과 교감한다. 그렇게 하늘과 영혼이 함께 침묵했던 시간은 우리에게 흔적을 남긴다. 하나님의 임재는 결코 희미해지는 법이 없으며, 하나님에 대한 자각은 그분의 임재를 오래 믿어 온 시간이 축적되어 생겨난다. 그것은 긴 침묵의 시간이 남긴 빛의 흔적이다. 그렇기에 우리는 그 통찰을 그대로 놓아둔다. 우리가 해야 할 일은 그것이 전부다. 하나님의 영원한 말씀이라는 거대한 대본 속에 우리 존재는 괄호와 같다. 우리는 이를 깊이, 비밀스레 확신하며 그 비밀에 귀를 기울일 수 있을 뿐이다.

위대한 통찰은 이곳에 앉아 저 너머를 숙고하고 추론할 때 얻어지는 것이 아니다. 하나님은 논리적인 전제에서 도출한 가설이 아니다. 그분은 빛처럼 자명한, 불현듯 솟아나는 직관으로만 인식할 수 있다. 그 통찰든 언어를 넘어서는 세계에 있다. 하나님은 이성의 등불을 비춰 어둠 속에서 더듬더듬 찾아내야 하는 분이 아니다.

우리는 그렇게 형언할 수 없는 것을 마주하고 선다. 그에게 하나님은 빛 자체로 드러나신다. 궁극적인 자각은 한순간 번쩍이는 섬광처럼 한 번에 우리에게 도달한다. 사색하는 이에게 형언할 수 없는 것은 난해하고, 불분명해 보이고, 흩어진 암호처럼, 비밀스러운 점처럼, 단서를 모아 해석하고 증거를 구성해야 하는 무엇처럼 보인다. 그러나 진정한 통찰의 순간에 신비는 잊혔던 모국어처럼 다가온다.

하나님을 자각하는 순간은 단계를 거쳐, 점진적으로 찾아오지 않는다. 지적으로 소심했다가 대담해지고, 의심과 추측이 확신이 되는, 의심의 갈림길에서 확신을 택하면서 점차 확고해지는 그런 것이 아니다. 오히려 그 자각은 광야를 표류하다 길을 잃고 헤매던 중 문득 변하지 않는 북극성을 보게 되는 일과 같다. 그것은 끝없는 불안과 부정과 절망 속에서 터져 나오는 영혼의 말 없는 외침에 가깝다.

유대교는 지적 호기심에서 태어나지 않았으며, 오히려 우리가 하나님에게 질문을 받고 있다는 사실에서 태동했다. 스스로 만든 물음만을 곱씹으며, 스스로에게서 질문을 만들어내는 한, 우리는 진정으로 묻는 법조차 알 수가 없다. 실은 우리에게는 질문하기에 충분한 지식이 없다. 믿음은 노력과 탐색의 산물이 아니다. 그것은 누구도 영원히 무시할 수는 없는 도전에 응답하는 일이다. 문제와 맞닥뜨려서 신앙을 갖게 되는 게 아니다. 믿음은 감탄에서 태어난다. 철학은 사람의 질문에서 시작되지만, 종교는 하나님의 질문과 인간의 응답에서 시작된다.

우리는 **공간 안에서 사유하는 것에 익숙하기에** 하나님도 일정한 공간을 차지하는 분인 양 상상한다. 우리는 이곳에 그분은 저곳에 계신 듯, 우리와 마주 선 누군가인 듯이 여긴다. 여러 사물 중 하나, 여러 존재 중 하나인 듯이 사물에 비추어 그분을 이해한다. 그러나 궁극적인 것을 묵상하려면 기존의 지적인 습관을 버려야 한다. 우리에게는 실재를 머릿속에 있는 익숙한 대상으로 치환하는 습성이 있다. 허나 하나님에 관한 사유는 다른 모든 것에 관한 사유와는 전적으로 다르다. 일반 논리로 하나님을 사유하는 일은 우리의 숨결로 폭풍우를 만들려는 시도와 같다. 우리는 그렇게 종종 그분을 이해하려다 실패한다. 우리가 개념을 충분히 멀리까지 확장할 줄 몰라서가 아니라 충분히 가까운 데서 시작하는 법을 모르기 때문이다. 하나님을 사유한다는 것은 우리 마음 안에 그분이 계심을 발견하는 일이 아니타 우리가 그분 안에 있음을 발견하는 일이다. 종교는 경험에서 시작되며 경험의 종착점은 우리가 인식하는 존재가 아니라 인식되고 있는 존재임을 자각하는 데 있다.

무언가에 대한 지식이 있다는 것은 그 개념을 소유해 우리 마음대로 처분할 수 있다는 뜻이다. 개념과 사물, 정의와 본질은 서로 다른 영역에 속한다. 즉 우리가 어떤 대상을 이론적으로는 정복하고, 그 개념이 자신의 소유가 되었더라도 사물 자체는 우리로부터 먼 곳에 있을 수 있다. 이를테면 성운에 대한 우리의 지식이 그렇다.

그러나 하나님은 사물도 관념도 아니다. 그분은 그 모든 것 안에 계시며 동시에 그것들 너머에 계신다. 하나님에 대한 사유는 하나님 너머에 있지 않으며 그분 안에 존재한다. 만일 그분의 생각이 우리 배후에 계시지 않았더라면, 우리 앞에 그분에 관한 생각이 있지도 않았을 것이다.

하나님에 대한 사유에는 파사드*가 없다. 겉치레로 내면을 가리는 일이 가능하지 않다. 그 사유가 우리 안에 들어오는 순간 우리가 이미 그 안에 들어 있게 되기 때문이다. 하나님에 대해 사유한다는 것은 곧 그 사유에 흡수된다는 것이다. 결코 사라지지 않는 과거가 계속해서 현재에 영향을 주며 현재 안에 존재하듯 그렇게 우리는 하나님 안에서 하나님을 사유한다.

하나님을 아는 일과 그분의 실재는 분리되지 않는다. 하나님을 사유하는 일은 온 우주에 충만하신 하나님의 현존에 우리를 열고 그분으로 충만해지는 것, 그 현존을 받아들이는

---

* 정면이 있는 건물의 외벽. (남에게 내보이는) 겉면, 허울이나 외양을 비유적으로 이르기도 한다.—옮긴이

것이다. 사물에 관한 생각은 마음속에 어떤 개념을 갖게 되는 일이다. 반면 하나님을 생각하는 일은 생각이라는 구름이 드리운 그늘 아래를 걷는 것, 생각에 들러싸여 걷는 것과 같다. 하나님은 '아시는' 분이며 우리는 그분에게 '알려지는' 존재다. 존재한다는 것은 하나님이 우리를 아신다는 의미다. 그러나 우리가 그분 안에 있음을 알지 못하는 한 그분은 우리의 손이 닿지 않는 곳에 남아 계신다.

성서는 기본적으로 사람이 하나님을 바라본 기록이 아니라 하나님이 사람을 바라본 기록이다. 성서는 인간의 신학이 아니라 하나님의 인간학이다. 이는 하나님의 본성보다는 사람이 무엇이며, 그분이 사람에게 무엇을 요구하시는지를 다루는 기록이라는 이야기다. 그분은 예언자들에게 무슨 영원한 신비를 드러내신 게 아니라 사람에 대한 하나님의 앎과 사랑을 드러내셨다.

이스라엘은 하나님의 본질을 알기보다 하나님이 인간에게 무엇을 요구하는지를 밝히기를 열망했다. 즉 그분의 본질보다 그분의 뜻과 소통하고자 했다. 우리는 깊은 떨림 속에서 하나님이 나를 아신다고, 그분께 내가 알려져 있다고 고백할 뿐이다. 사람은 하나님을 볼 수 없으나 하나님은 사람을 보실 수 있다. 그분은 인간의 연구 대상이 아니라, 인간에게 자신을 드러내시는 주체이시다.

하나님의 위대함을 대변할 수 있는, 우리 마음에 나타나신 그분을 명확히 지칭할 수 있는 개념은 존재하지 않는다. 그분은 우리가 사유해서 묘사할 수 있는, 그 존재를 확증할 수 있는 하나의 존재도 아니다. 그분은 실재(현실) 그 자체이시며, 그 앞에 마주 서서 그 의미를 깨닫게 될 때 우리는 우리의 무한한 자격 없음을 절실히 느끼게 된다.

질문은 문제가 바로 인간 자신에게 있음을 깨달을 때 터져 나온다. 하나님이 인간에게 문제인 이상으로 인간은 하나님께 더욱 문제다. '인격적인 하나님이 존재하는가?'라는 물음은 실은 그보다 더 불확실한 '인격적 인간이 존재하는가?'라는 물음에서 기인한다. 그 물음은 하나의 증상이다. 인간 자신에 대한 의구심이 하나님에 대한 의심으로 표현된 것이다.

존재는 흔들리고 그 의미는 다 해석할 수 없다. 우리의 영혼은 그 둘 사이에서 떨며 온전한 신비를 경험한다. 그러한 순간에 우리는 사람의 본질을 아는 것, 이룰 수 있는 것만으로 정의하는 것이 참기 힘들 만큼 부조리하다는 것을 깨닫는다. 우리에게는 형언할 수 없는 것에 대한 감각이 있다. 그 감각에 따르면 인간의 본질은 더욱 높고 거룩한 목적을 실현하

12. 우리가 본 하나님의 모습이 아니라 하나님이 보는 우리의 모습

는 통로가 되는 데 있다. 인간의 존재와 삶은 감히 붙들 수 없
는 궁극의 신비를 향해 손짓하는 신흐다.

하나님은 참된 실재이시다. 무미건조한 개념이나 날카롭고
메마르고 소심한 견해, 인색하고 일관성 없는 사랑 같은 것에
서는 이에 대한 감각을 찾을 수 없다. 오직 상처 입은 마음,
자신의 지혜를 넘어서는 마음만이 하나님을 감지한다.

그 감각은 단순한 개념 놀이가 아니며, 오히려 모든 추상
적인 개념을 산산이 부순다. 회개 없이는 참된 확신도 없으
며, 스스로를 헌신하지 않고는 동의(긍정)할 수도 없다. 하나
님을 자각한다는 것은 응답하는 일이다. 분명한 것은 하나님
은 하나의 개념이기보다 우리를 향한 도전이다. 우리가 그분
을 사유하는 게 아니라 그분에 의해 우리가 흔들리고, 움직인
다. 우리는 결코 그분을 묘사할 수 없으며, 그분께로 돌아갈
수 있을 뿐이다. 그분께 말을 걸 수는 있으나 그분을 온전히
이해할 수는 없다. 그분의 현존을 감지할 수는 있어도 그 본
질을 파악할 수는 없다.

하나님은 인간을 부르시고 인간은 그 부름에 응답한다. 그
분은 창조하시고, 우리는 그 창조들 반사한다. 하나님은 우
리가 파악해야 할 대상도, 받아들여야 할 명제도 아니며, 모

든 존재의 총합도 아니고 이상이나 규범의 모음도 아니다. 그분은 궁극적인 주체이시다.

하나님이 여기에 계시다. 이에 대한 경외감은 우리의 책임, 그분께 우리가 책임이 있음을 담보한다. 하나님을 안다는 것은 하나님이 인간에게 알려지는 행위가 아니라 인간이 하나님께 알려져 있음을 자각하는 것이며, 우리가 하나님을 생각할 때 하나님이 우리를 생각하시는 것임을 깨닫는 것이다.

한 경건한 유대인은 하나님에 대한 고상한 개념을 전하는 어떤 철학자의 강의를 듣고 "당신이 상상하는 그런 분이 하나님이라면 나는 그분을 믿지 않겠다"라고 말했다고 전해진다. 우리가 만든 개념이 아무리 섬세하고 고귀하더라도 그것이 묘사되는 순간, 그러니까 분명하게 설명되는 순간에, 그 개념 안에 하나님을 가두게 되고 우리의 생각은 진부해지고 만다. 우리의 정신은 하나님을 묘사하기에는 너무도 부적절하고 불충분하다. 계시라는 개념도 마찬가지다. 그것을 정의하고 묘사하는 순간 그것은 우리의 손을 빠져나가 버린다.

혹자는 이렇게 물을 수 있다. 영원한 존재가 그처럼 사소한 일에 관여한다고 믿는 게 이치에 맞는가? 인간은 그분이 관심을 가지시기에는 너무도 하찮은 대상이라고 가정하는 편이 타당하지 않은가? 그러나 실은 어느 무엇도 사소하지 않다. 우리 눈에 무한히 작아 보이는 것이 그분의 눈에는 무한히 크고 위대하다. 어떤 유한한 것도 결코 외따로 존재하지 않으며 무한한 사건들과 무한한 과정들과 무수한 길로 이어져 있다. 영적인 깨달음의 수준이 높아질수록 타인을 향한 관심도 커지고, 이웃에 대한 감수성도 민감해진다.

우리는 계속 물어야 한다. 사람이 무엇이기에 하나님이 그를 돌보시는가? 그리고 하나님이 인간을 돌보시는 바로 그것이 인간의 위대함, 그 위대함의 내용이라는 것을 계속해서 기억해야 한다. **존재한다는 것**은 무언가를 **드러내는 것**이며, 사람은 하나님을 드러내는 자로, 그분의 위대한 신비를 드러내는 그분의 동반자로 서 있다. **하나님이 인간을 필요로 하신다**는 것이다.

'영적'이라는 단어가 뜻하는 바가 바로 이것이다. 그것은 우리 존재 안에 초월을 향하는, 이곳에서 저 너머를 향하는 그것을 가리킨다. 그것은 우리의 모든 목표들을 뒤흔드는 황홀한 힘이며, 막다르고 협소한 골목에, 가치 안에 갇힌 가치들을 구원한다. 그렇게 도착지를 새로운 여정의 시작으로, 새로운 순례로 바꾸어 낸다. 영적인 것은 온 존재에 스며 있으며, 모든 가치를 포함하는 동시에 초월한다. 영은 그 자체로 결코 끝나지 않는 과정이자, 존재가 위를 향하게 하는 움직임이다. 영은 우리가 소유하는 게 아니며 오히려 영이 우리를 소유한다. 영혼을 인식할 때 우리의 마음은 영원의 흐름을 따라 미끄러지며, 우리의 생각도 자기 자신을 넘어선다. 그러나 영혼 자체를 파악하기란 불가능하다. 영은 **방향**이며 온 존재로 하나님을 향하는 전환이므로.

예언자들에게 하나님은 스스로를 관념적인 절대자로 드러내지 않으신다. 그분은 세계와 인격적이고도 친밀한 관계를 맺으신다. 그는 그저 명령하고 복종을 기대하는 분이 아니며, 세상에서 일어나는 일에 감동하시고, 영향을 받으신다. 세상에서 일어나는 일들과 사람의 행동은 그분에게 기쁨과 슬픔, 즐거움과 분노를 일으킨다. 그는 이 세상과 동떨어진 데서 세상을 판단하는 분이 아니다. 이 세상에서 일어나는 일들에 친밀하고도 주관적으로 반응하시며, 그렇게 그 일들의 가치를 판단하신다.

성서에 따르면 분명 사람의 행동은 하나님을 감동시킬 수도, 그분을 상하게 할 수도, 기쁘고 즐겁게 만들 수도 있다.

하나님이 인간과 역사에 감정적으로 반응하신다는 이해는
하나님이 그저 지성과 의지뿐 아니라 감정을 지니고 계심을
보여준다. 예언자들의 하나님 인식은 근본적으로 이러하다.

철학자들의 하나님은 마치 그리스 신화의 아난케(운명의 여
신)처럼, 인간에게는 알려지지 않으며, 인간에게 무심하다. 그
는 사유하나 말하지 않고 자신에 대해서는 의식하나 이 세계
에는 무심하다. 반면 이스라엘의 하나님은 사랑하시는 분,
스스로를 알리시는 분, 사람에게 관심을 기울이시는 분이다.
그분은 위엄과 권능, 지혜로 세계를 다스리실 뿐 아니라 역사
속에서 일어나는 일들에 친밀하게 반응하신다. 하나님은 냉
정하게 저 먼 곳에서 인간들의 행위를 심판하시지 않는다. 오
히려 그분의 심판은 사람에 대한, 그들의 행동에 대한 친밀하
고도 깊은 관심으로 가득 차 있다. 하나님은 인간의 고통과
슬픔 밖에 머물지 않고, 인간의 운명과 행위에 인격으로 관여
하며, 심지어 그 일에 감동하기까지 하신다.

하나님의 파토스는 하나님의 살아있는 관심을 뜻한다. 그
분은 변치 않는 모범을 보이는, 정적인 선의 관념이기보다, 계
속해서 밖으로 뻗어가도록 우리를 떠미는 도전이다. 그분은
우리와 역동적인 관계를 맺으신다. 그분의 사랑은 단순한 감
정이나, 수동적인 애정이 아니라 다채로운 영적 요소들이 담

긴 행동이고, 태도이며, 이 세계에 대한 관조이기보다 우리를 향한 뜨거운 부름이다.

성서는 인간의 언어로 말한다. 인간의 문제를 다루며 사람의 어휘를 빌려온 단어를 차용한다. 그렇게 성서는 새 단어를 많이 만드는 대신 그 차용한 단어에 새 의미를 부여한다. 예언자들은 그분의 존재, 인간과 다른 그분을 전하기 위해 신인동형론적 언어를 사용해야만 했다.

그분의 압도적인 생명력과 관심, 초월성에 대한 자각을 어떻게 언어와 조화시킬 것인가? 이것이 성서가 언어를 사용하는 데서 가장 큰 도전이었다. 성서 시대의 인물들이 의인화(신인동형론적 언어 사용)를 꺼렸다면 "주님은 나의 목자시니, 내게 부족함 없어라"(시 23:1)는 말도 불가능했을 것이다. 그러나 시편 기자가 '목자'라는 말을 사용할 때 그의 머릿속에 '양 치는 목자'의 그림이 있었으리라 상정해서는 안 된다. 그 언어를 하나님의 실재와 완전히 동일시하고 있었다고 간주하면 그 구절의 의미를 오해하게 된다.

부적절하고 불충분한 단어를 통해서나마 그분을 표현하려 시도하는 그 도전이 우리의 정신이 언어의 한계를 넘어서도록 이끈다. 자신이 적절한 단어를 쓰고 있다고 허세를 부리며 자만하는 것은 기만과 착각에 불과하다.

혹자에게 하나님은 저 먼 곳에 물러나 계신 분처럼 보일 테지만 예언자들에게 하나님은 끝없이 참여를 요청하시는 분이다. 예언자들은 자신들의 경험한 바를 사람들에게 요구한다. 비범한 어떤 순간의 항복이나 일시적인 경험이 아니라 영속적인 순종의 태도를 요청한다. 자신을 벗어나 도망가지 않고 온 존재로 그분을 사랑하라고, 운명을 잃어버리지 말고 운명을 기억하라고, 그 부름을, 선택을 기억하라고 우리를 부른다.

이것이 예언자의 주된 사명이다. 거룩한 율법을 전할 뿐 아니라 거룩한 삶을 보여주는 것, 단순한 계약이 아니라 그분의 심정까지를 전해 주는 것. 그들은 영원히 변하지 않는 그분의 존재뿐 아니라 시간 속에 현존하는 그분의 심정을, 절대적인 주권뿐 아니라 인간과 그분이 직접 맺으시는 관계를 전해야 한다.

하나님은 저 지평선 너머에 보이는 한 점이 아니라 우리를 둘러싼, 우리가 호흡하는, 우리를 살게 하는 공기와 같다. 그분은 사물(thing)이 아니라 사건(hapening)이다. 시편 기자는 사람에게 하나님의 하신 일을 묵상하라고 요청하지만, 예언자들은 하나님의 내면, 곧 그분의 내적인 행위까지를 숙고하라고 부른다. 그들은 역사 속에서 하나님을 느낄 뿐 아니라 하나님 안에서 역사를 이해한다.

하나님의 심정을 표현하는 모든 것들은 하나님의 살아계심을 보이려는 시도다. 우리는 하나님에 관한 모든 말이 지독하리만큼 부적절하다는 것을 잊지 말아야 한다. 그러나 그것들을 직접적인 묘사보다 암시로, 하나님에 대한 충분한 설명이기보다 절제된 표현으로 이해하면, 그 언어들이 그분의 실재를 감지하는데, 그 인식을 불러일으키는 데 도움이 될 것이다.

아브라함 요수아 헤셸은 누구인가?

로버트
얼와인

✕

아브라함 요수아 헤셸은 미국 유대교 역사와 현대 유대 사상에서 독보적인 인물입니다. 그의 삶과 업적에는 언뜻 모순되어 보이는 것들이 한데 어우러져 있기에 그를 어느 한 범주로 분류해 버리기 어렵습니다. 그는 전통 유대교에 뿌리를 두면서도 현대의 흐름에 귀 기울였고, 율법을 엄격히 준수하면서도 창조적 비판을 환영했습니다. 그러한 이견이 전통에 활력을 불어넣는 필수적인 것이라 여겼습니다. 또한 탈무드에 능통하고, 전통 유대 지식에 매우 해박하면서도 철학과 현대 성서 비평에도 능했습니다. 가장 중요한 저작은 일반 대중을 위해 기록되었기에 이해하기 쉽고도 아름답지만 실상 글의 전제들은 매우 정교하고도 복잡합니다.

헤셸은 모든 유대교 장르, 곧 성서, 탈무드, 미드라쉬, 중세 철학, 카발라, 하시디즘, 현대 사상을 깊이 알고 숙고한 드문 현대 유대 사상가입니다. 그는 히브리어, 독일어, 영어, 이디시어 모두로 빼어나고 설득력 있는 글을 썼습니다.

그는 유대교를 깨우는 비전을 제시했고 때로 당대의 상황을 신랄하게 비판했습니다. 그럼에도 그는 언제나 전통에 단단히 닻을 내리고 있었습니다. 예배와 종교 행위는 사적인 일이라는 개념을 거부하고 오히려 이 사회에서 가장 절박한 문제를 다루는 것과 결정적으로 이어져 있다고 주장했습니다. 설령 그러한 주장이 인기도 없고, 갈등만 양산한다 해도 그 연결을 포기해서는 안 된다고 강조했죠. 그가 민권 운동에 용감하게 동참하고, 베트남 전쟁에 반대하고, 유대-기독교 간 관계 개선을 위해 과감히 나선 바탕에는 이러한 신학적 신념이 있었습니다. 그는 미국 유대교 내 특정 교파에 속하지 않았지만, 그들 모두와 적극적으로 교류했습니다. 또한 당대 주요

기독교 사상가들과 계속 대화하며 우정을 이어갔습니다.

그는 사망한 지(1972년) 거의 50년이 지난 지금도 미국 유대 사회와 그 너머에까지 여전히 거대한 인물로서 영향을 미치고 있습니다. 그의 비전과 굳건한 성품을 생각하면 이는 어쩌면 당연한 일입니다. 그의 저서는 전 세계에 영향을 미쳤고, 그의 책은 히브리어, 스페인어, 프랑스어, 독일어, 크로아티아어, 포르투갈어, 리투아니아어, 우르두어, 중국어, 한국어, 일본어, 폴란드어, 네덜란드어 등 다양한 언어로 번역되었습니다.

헤셸은 1907년 폴란드 바르샤바에서 태어났습니다. 양가는 여러 저명한 랍비들이 있는 명망 있는 가문이었는데, 그의 이름은 그 가문에서 '압터 라브'(Apter Rav)라는 별칭으로 알려진 전설적인 하시디즘 랍비 아브라함 요수아 헤셸(1748-1825)에서 딴 것입니다. 유대 관습을 따라 세 살부터 토라 공부를 시작했고 이내 그가 신동임이 드러났습니다. 그렇게 그는 유대교의 핵심 경전과 주해들에 대한 집중적인 교육을 받았습니다. 헤셸의 집안과 공동체는 그 교육에 엄청난 시간과 정성을 쏟았습니다. 그의 가문이나 양육 환경 지적 재능 등을 고려하면 그는 하시디즘 랍비가 되기로 예정된 아이로 보였습니다.

그럼에도 그는 적어도 전통적인 의미에서의 랍비가 되지는 않았습니다. 청소년기에 그는 문학에 큰 흥미를 느끼며 이디시어*로 시를 쓰기 시작했습니다. 1916년 전염병으로 아버지를 여읜 후 어머니의 지원으로 헤셸은 빌나(Vilna)에 있는 일반 유대인 김나지움에 일 년 동안 다니면서 대학 진학을 준비했고, 그곳에서 그는 유명한 이디시어 시를 쓰는 문단 '영 빌나'(Yung Vilne)의 일원이 되었습니다. 그리고 1927년 가을, 스무 살이 된 그는 베를린에 도착했습니다. 당시 베를린은 과학과 문학, 예술과 철학뿐 아니라 이디시 문화와 유대교 학문 연구의 주요한 지식과 사상의 거점이었습니다. 그는 베를린 대학에서 철학, 셈어학, 미술사를 공부했고, 당시 자유주의 성향의 랍비와 학자들을 양성했던 유대 학문 대학에도 다녔습니다. 바르샤바에서 이미 정통파 랍비 서품을 받았으나, 그는 정통 유대교 계열인 힐데스하임 랍비 신학교에서도 공부했습니다. 그에게는 모든 유대 공동체에 자연스레 녹아드는 비범한 능력이 있었고 이는 훗날 그의 인생에서 드러난 두

---

*　아슈케나지 유대인이 사용했던 서게르만어군 언어. 히브리어, 독일어 방언, 폴란드어 등을 비롯한 슬라브어파 어휘 등이 들어 있다. 히브리 문자를 다듬어 표기한다.—옮긴이

드러진 특징이기도 했습니다.

그는 1932년 12월, 헤셸은 학위 논문으로 「예언자의 의식」(Das prophetische Bewusstsein)을 제출합니다. 논문을 쓰는 동안에도 그는 계속해서 시를 쓰고 발표했습니다. 논문은 1936년 단행본 『예언』(Die Prophetic)이라는 제목으로 출판되었고, 30여 년이 지난 1962년에는 이를 증보한 영역본 『예언자들』(The Prophets)을 출간되었습니다. 표면적으로 『예언』은 성서의 고전적인 예언자들이 종교 인물로서 어떤 면에서 독특한지를 밝히는, 어문학과 역사학에 기반한 비교 종교 연구입니다. 그러나 이 저작은 실제로 매우 급진적이고 전복적이기까지 합니다. 헤셸은 예언에 대한 개신교 학문의 주된 경향, 특히 예언자들의 삶과 환상을 정신 질환에 사로잡힌 결과물로 보는 견해를 거부하고, 예언자들을 합리적인 철학자로 해석하려는 자유주의 유대 학자들의 시도에도 문제를 제기했기 때문입니다. 그는 고대 이스라엘에 있었던 예언 현상을 이해하는 데 보다 적절한 범주를 소개하려 했습니다. 그 작업은 당대 독일의 비교 종교학 용어와 방식을 활용한 것이었지만, 동시에 그 분야의 근본적인 결함들에 대해 주의를 환기시켰습니다.

헤셸은 이렇게 비교 종교 연구 방법론을 비판하는 데서 멈추지 않고 당대 철학과 신학의 주요 전제들에도 도전했습니다. 『예언』은 가장 깊은 차원에서 서구에서 하나님과 계시를 이해해 온 방식을 묵상하며 또 비판하는 작업이었습니다. 그는 예언자들을 온전히 이해하려면 먼저 성서적 사고 이해에 방해가 되는 장애물을 치워야 한다고 강조했습니다. 이는 무엇보다 '하나님의 파토스'(pathos)를 거부하는 철학적 견해를 거부해야 한다는 의미였습니다. 철학은 '하나님의 파토스', 곧 하나님의 내면, 하나님의 감정적 실재를 생각하지도 못하고 당혹스러워합니다. 그러나 헤셸에게 성서 속 하나님은 저 먼 곳에 있는 비인격적 존재가 아닙니다. 그분은 아리스토텔레스의 '부동자'(unmoved mover)가 아니고, 절대 권력을 행사하며 복종을 요구하는 입법자도 아닙니다. 오히려 하나님은 인간의 행동과 역사에 깊이 관심하시고, 실상 아주 실제적인 의미에서 인간사에 쉬 영향받고 상처받는 취약한 분입니다. 인간의 행위는 하나님께 영향을 미치고, 그분에게 슬픔과 분노, 기쁨을 일으킵니다. 인간이 하는 행동이 세상에서 하나님의 현존을 더 강력하게 할 수도, 약화시킬 수도 있습니다. '하나님의 파토스'라는 개념은 이를 의미합니다. 그러나 그분의 취약함은 결코 결점이 아니며, 하나님과 인간 사이의 관계를 규정하는 특질이 됩니다.

1937년, 마르틴 부버가 헤셸에게 성인 유대인을 대상으로
가르치는 프랑크푸르트 유대인 교육원인 '배움의 집'(Leh-
rhaus, 레르하우스)에서 교수 자리를 제안했고, 이를 계기로
그는 프랑크푸르트 암 마인으로 이주했습니다. 그는 교육
원 업무 외에도 프랑크푸르트 주변 마을에서 가르치는 일을
병행했고 부버에게 현대 히브리어를 가르치기도 했습니다.
그러나 당시 독일 내 반유대주의의 급부상을 예민하게 감지
한 그는 다른 지역에서 일자리를 얻기 위해 노력했습니다. 이
후 마침내 신시내티 히브리 유니언 대학(Jewish Theological
College)에서 초대받았으나, 비자 발급이 지연되는 일이 생겼
습니다. 그러던 1938년 10월 28일 새벽, 경찰이 그의 아파트에
들이닥쳤고, 그는 수천 명의 유대인과 함께 폴란드로 강제 추
방당했습니다. 당시 그의 나이 서른한 살 때였습니다.

폴란드에서 헤셸은 그와 그의 모친, 세 여동생의 비자를 발
급받기 위해 분투했고, 영국에서 비자를 받는 게 더 수월할 것
으로 판단한 그는 1939년 7월 런던으로 향했습니다. 그러나
한 달 후 독일이 폴란드를 침공하며 2차 세계 대전이 발발했
고, 가족들을 폴란드에서 데려오는 일은 불가능해졌습니다.
그렇게 가족들은 홀로코스트의 희생자가 되었습니다.

1940년, 헤셸은 미국에 도착했고 신시내티의 히브리 유니

언 대학에서 가르치면서 학교 기숙사에 거주했습니다. 학술 연구를 하지 않거나 히브리어를 거의 모르는 미국인 학생들에게 유대교에 대해 가르치느라 고전하던 시간에도 그는 영어에 완전히 능통하고자 노력했습니다. 실제로 미국에 이주한 지 일 년 만에 탁월한 영어 글솜씨로 사람들을 놀라게 했습니다.

1945년, 그는 보수주의 유대교의 중심이었던 뉴욕 유대 신학교(Jewish Theological Seminary)의 교원이 되었습니다. 이듬해 그는 클래식 피아니스트 실비아 스트라우스와 결혼했고 이후 딸 수잔나가 태어났습니다. 그녀는 현재 유대 연구에서 세계적으로 인정받는 연구자입니다.

1940년대 말에서 1950년대 초, 그는 집필에 매진하면서 『땅은 주님의 것』(*The Earth is Lord's*) 『안식』(*The Sabbath*), 『하나님을 찾는 사람』(*Man's Quest for God*)를 비롯한 다수의 영향력 있는 저작을 출간했습니다. 주요 저서 『사람은 혼자가 아니다』(*Man Is Not Alone*)는 1951년 출판되었습니다. 유대교 학계에서는 이미 유명했지만, 신학자 라인홀드 니버가 『뉴욕 헤럴드 트리뷴』(*New York Herald Tribune*)에 이 책의 서평을 쓰면서 미국 전역에서 명성을 얻었습니다. 니버는 그 글에서 헤셸이 "유대인 공동체뿐 아니라 미국 종교계 전반을 압도하는 권위 있는 목소리로 떠오를 것”이라고 예언했습니다. 실제로 이 시기 헤셸은 학자이자 신학자로서 점차 도드라졌고 그의 저서도 다수의 주요 신학자들 사이에서 활발히 논의되고 또 높이 평가받았습니다. 그는 하시디즘의 전설적인 창시자 바알 셈 토브의 전기를 쓰기 위해 1954년 구겐하임 연구 지원금을 받았으나 그 작업을 끝내 완성하지는 못했습니다. 그러나 그 연구비 덕에 대작 『사람을 찾는 하나님』(*God in Search of Man*)를 완성할 수 있었습니다. 안타깝게도 그의 성취와 명성은 유대 신학교 동료들의 질투와 원망을 사기도 했습니다.

이처럼 왕성한 활동을 하던 시기 헤셸은 현대 서구 사회의 무심함, 곧 관찰 대상과 거리를 두는 태도와 인간의 이성만으로 모든 것을 이해할 수 있다고 믿는 정서에 도전했습니다. 헤셸은 궁극적인 문제를 이해함에 있어 이성은 외려 부적절한 수단이 되기도 한다고 주장했습니다. 이성이 아니라 우주의 광대함을 경이와 경외로 대하는 데서 참된 이해가 가능해진다는 것이었죠. 경이와 경외는 우리가 다가갈 수 있는 한에서 실재의 가장 깊은 면모에 우리를 열어젖힌다고 보았습니다.

무엇보다 헤셸은 종교 철학의 기존 접근을 전복시켰습니다. 그는 종교 철학이 너무나 통념, 곧 인식의 주체가 있고, 그가 마음으로 세계에 의미를 브여한다고 주장하는 현대적

인식에 지나치게 매여 있다고 주장했습니다. 그는 현대의 종교 철학을 경건한 이들의 감수성과 경험에 잇닿아 있는 종교 철학으로 세계를 경험하는 현대적 방식을 재구성하려 했죠. 그에 따르면 경건한 이들에게 하나님은 우리가 아는 대상이 아니며 오히려 하나님의 압도적인 실재는 인간의 판단에 우선합니다. 하나님의 존재 여부를 평결하는 것은 인간의 이성이 아닙니다. 오히려 모든 것, 인간을 포함한 모든 것에 의미를 부여 하시는 분은 하나님입니다. 헤셸은 인간이 스스로 깨닫는 것보다 더 광활한 지평에 자리하고 있다는 인식, 곧 우리 자신을, 우리의 이성을 넘어서는 곳에, 그런 것들과 무관하게 핵심적인 의미와 심판자가 존재한다는 인식을 환기시키려 했습니다.

이러한 종교 철학은 하나님 앞에서 겸손을 찬미하는 행위가 됩니다. 하나님이 절대적으로 우선하신다는 자각은 우리를 중심으로 하는 데서 벗어나 우리가 마땅히 서야 할 자리, 겸손의 자리에 서게 하기 때문입니다.

헤셸의 관점에 따르면 현대 사회는 경건을 빼앗긴 사회, 경이와 경외를 상실한 사회이며 그것이 서구 문명에 심대한 재앙을 초래했습니다. 20세기에 일어난 여러 잔혹한 행위들, 특히 홀로코스트는 이러한 문화와 가치의 타락을 드러내는 지표입니다. 종교를 사적인 영역으로, 윤리나 정치와 분리된 영역으로 한정하는 것은 인위적이그 또 위험한 사고입니다. 올바른 의미에서 종교는 본질적으로 정의와 불가분 얽혀 있고 그렇기에 종교는 애초에 순전히 사적인 관심사이기보다 공적인 영역입니다. 만약 그의 이러한 수사가 근래 종교 보수주의의 소위 '문화 전쟁' 논의와 유사해 보인다면 헤셸은 과거를 그리워하는 렌즈로 종교를 바라보지 않고, 현재, 곧 지금 여기에 단단히 발을 붙이고 있었다는 점을 인식해야 합니다. 오히려 종교는 우리의 일상, 매일의 행동에 근본적으로 도전하게 합니다. 그에게 이러한 도전은 인간의 존엄을 인식하는 신앙에 기반한 진보적 정치의 기본이 됩니다.

1950년대 헤셸은 예언자의 열정을 갖고 지식인으로서의 역할에 헌신했습니다. 랍비들의 모임과 회당에서 강연했고, 그의 활동 반경은 이내 더 확대되었습니다. 백악관에서 열린 아동 청소년 컨퍼런스 등과 같은 여러 국가 포럼에 초대받았습니다. 1963년 1월, 시카고에서 열린 '종교와 인종에 관한 전국 컨퍼런스' 개회식의 기조연설을 맡기도 했습니다. 해당 연설에서 그는 당대의 인종 문제를 성서적 언어로 바라보면서 인종차별은 사탄적인 것이라고 규탄했습니다. 『예언』에서 헤셸이 보여준 통찰들은 이후 영어로 번역되면서 미국 민권 운동 시기에 새로운 반향을 일으켰습니다. 그의 열정적인 연설에는 유럽에서 직접 경험한 반유대주의와 신시내티와 뉴욕에서 목격한 인종차별의 현실이 고스란히 담겨 있었습니다.

인종차별에 대한 헤셸의 맹렬한 비판은 그가 이미 깊이 탐구했던 예언자적 전통에 다시 불을 지폈습니다. "예언은 하나님이 맡기신 목소리다. 침묵 속에 있는 고통, 약탈당한 이의 가난, 신성함을 잃어버린 부유함을 향한, 그들을 위한 목소리다." 헤셸은 불의가 자행되는 곳이라면 그곳이 어디든 "일부가 죄를 짓지만, 모두가 거기에 책임이 있다"라고 말했습니다. 우리는 모두 악에 책임이 있습니다. 고통에 무감각한 세계만이 불의와 불평등한 체제를 용인하기 때문입니다. 그러므로 "악에 대한 무관심은 악 그 자체보다 더욱 교활합니다."

불의는 종종 그저 원래 그런 것으로 받아들여집니다. 우리는 아무 동요 없이, 우리 곁에 끔찍한 일이 전혀 없는 듯이 지냅니다. 헤셸은 미국이 끔찍한 영적 위기를 지나고 있다고 여겼습니다. 1964년 시카고 회의 연설에서 그는 도발적으로 물었습니다. "흑인의 곤경, 대도시의 황폐한 구역, 이 모든 것이 우리 죄의 결과가 아닙니까?" 그는 우리가 "요구하고 주장하고 도전하고 질책하는 데" 실패하여 불의의 방조자가 되었다고, 참된 종교는 그 행동을 요구한다고 강조했습니다.

다시금 헤셸은 이러한 실패를 경외와 경이의 상실과 연결했습니다. "죄의 뿌리는 무감각, 마음의 완고함, 살아 있음이 무엇에 달려 있는지에 대한 이해의 부족"인 것입니다. 하나님이 모든 것 이전에, 모든 것에 앞서, 모든 것 위에 계시다는 것을 보지 못하게 되면, 우리가 선 자리를 잊게 되면, 우리는 동료 인간들에게 무관심해집니다. 홀로코스트와 같은 참사나 미국의 만연한 빈곤과 인종차별은 이 세계를 닫아걸고 하나님을 차단하며, 하나님을 숨겨 둘 때 일어납니다.

시카고 컨퍼런스에서 헤셸은 마틴 루터 킹 주니어와 처음 만났습니다. 킹도 그 컨퍼런스에서 기조연설을 했습니다. 둘은 이내 친구가 되었고 종종 협력했습니다. 1965년 3월 7일 앨라배마 셀마에서 비폭력 시위를 하던 흑인 시위대를 경찰이 폭행한 사건 이후 헤셸은 집회와 시위에 참여하기 시작했고, 곧 FBI 블랙리스트에 올라 감시 대상이 되었습니다. 헤셸은 다른 민권 운동 지도자들과 함께 셀마에서 몽고메리까지 걷는 유명한 행진에도 참여했습니다.

이 시기 헤셸은 다양한 사회 문제에 적극적으로 관여했습니다. 베트남 전쟁 반대 운동, 소련의 유대인 권리 옹호, 그리고 제2차 바티칸 공의회에서 발표한 「노스트라 아에타테」(Nostra Aetate, 우리 시대), 곧 비그리스도교와 교회의 관계에 대한 선언의 초안 작성에 참여하는 등의 활동들이었습니다. 이 선언은 헤셸이 추기경 아우구스티누스 베아와 긴밀히 협력하면서 작성한 것으로서 가톨릭과 유대인 간의 공통점을 강조하고, 상호약속을 강조한 최초의 공식 문서였습니다.

헤셸은 베트남전 반대 운동 중 가장 탁월한 전통적인 유대인이었고, 리처드 존 노이하우스, 다니엘 베리건, 윌리엄 슬론 코핀 주니어, 로버트 맥아피 브라운 등 저명인사들과 함께 활동했습니다. 또한 그는 킹 목사가 리버사이드 교회에서 베트남 전쟁과 미국의 군국주의에 대한 연설을 할 수 있도록 하는 데 중요한 역할을 했습니다. 그러나 헤셸의 이러한 사회 참여는 미국 유대 사회 내에서 논란을 낳기도 했습니다. 많은 이들은 유대인이 반전 운동에서 지나치게 두드러진 역할을 하게 되면 미국이 이스라엘에 대한 지원을 철회할 것을 우려했고, 또 헤셸이 기독교인들과 협력하는 것을 비판하는 이들도 있었습니다.

1971년 6월, 라인홀트 니버는 사망하기 전 헤셸에게 자신의 장례식 추도사를 부탁했습니다. 어설라 니버에 따르면 니버의 생애 마지막 12년 동안 헤셸은 그의 가장 가까운 친구였습니다.

1972년 세상을 떠난 헤셸은 후대에 중요한 유산을 남겼습니다. 오늘날까지 유대 사상에서 얼마나 많은 저명한 인물들이 그의 제자였고, 그의 유산을 계속 계승하고 있다고 주장하고 있는지를 보면 놀라울 정도입니다. 제자들의 정치적 스펙트럼이 양 진영 모두에 포진하고 있다는 점 역시 놀랍습니다. 헤셸의 사상은 우파와 좌파, 보수주의와 자유주의 등 오늘 우리의 사유를 특징짓는 개념적 이분법에 깊이 반대합니다. 그의 작업은 전통을 마냥 보수적인 정치 진영과 동일시하는 지나친 단순화를 거부하고, 공공의 영역에서 매일 일상적으로 일어나는 일들, 그 일들의 신학적 함의가 있다고 주장했습니다. 심화되는 정치적 양극화, 약화되는 민주주의, 충격적인 경제 불평등, 강제 이주, 심각한 인권 침해 등으로 위태로운 이 역사의 시점에 헤셸의 글은 여전히 적확할 뿐 아니라 절실하며 시급하기까지 합니다. 많은 정치 문화 담론이 이념적인 순수성을 강조하고 자신의 도덕성을 과시하는 경향에 반해, 헤셸은 우리 안에 자기 자신을 기만하는 경향성과 이웃에 대한 무관심을 가리기 위해 정의의 가면을 쓰는 것, 곧 그 위장을 인식하라고, 정치적 경제적 정의를 이루기 위해서는 영적인 혁명이 필요하다고 촉구합니다.

로버트 얼와인은 일리노이 웨슬리언 대학의 아이
작 펑크 종교학 석좌교수이며, 『일신교의 관용』
(*Monotheism and Tolerance*), 『유대교와 서구』(*Juda-*
ism and the West) 등을 저술했다.

오늘날 헤셸을 읽는다는 것

수잔나 헤셸

✕

　　　　우리는 절망의 시대를 살고
있습니다. 경제가 어렵고, 바이러스는 창궐하고, 정치도 길을
잃고, 환경 위기는 심화되고 있습니다. 이렇게 겹겹이 쌓인 위
기들을 고려하면 우리의 절망은 정당해 보입니다. 그러나 아
버지는 언제나 절망을 금하셨습니다. 절망이란 하나님이 우
리와 함께하시고 우리를 돌보신다는 것을 부인하는 것이라
고, 우리에게는 당면한 어려움을 다룰 자원이 있다고, 그것이

없는데도 그러한 도전이 주어지는 법은 없다고 하셨습니다. 아버지는 분명 그 자원 중 한 분이었습니다. 그분은 희망을 선포했던 예언자의 전통을 따랐습니다. 예언자는 타락과 비참, 절망의 깊이를 온전히 이해하지 못한 채 선포하는 희망이 피상적임을 압니다. 예언자는 소리 없는 고통에 목소리를 부여하고, 불의에 분노합니다. 그가 하는 모든 말에는 열정과 아픔이 배어 있습니다. 그런 이들만이 진정한 희망을 전할 수 있습니다. 그들만이 "악은 결코 역사의 정점이 아니"라고, 구원이 임할 것이라고 이야기할 수 있습니다.

아버지의 말씀에 따르면, 오늘날 우리가 겪는 위기는 종교적인 문제이기도 합니다. 현대는 "하나님이 도전해 오시는 것에 대한 인간의 감수성을 조직적으로 소멸시키고" 있다고 하셨습니다. 이 말로 아버지는 평생에 걸친 노력의 목표를 분명히 밝히셨습니다.

아버지는 『누가 사람이냐』(*Who Is Man*)에서 종교는 부끄러움에서 시작된다고 이야기합니다. "타고난 기질과 당면한 도전, 나의 인식과 실재, 지식과 그에 대한 이해, 파악할 수 없는 신비와 논리적 이해 사이의 어긋남을 자각"하는 데서 일어나는 부끄러움, 그곳에서 종교는 시작됩니다. 아버지는 "하나님은 말이 끝나는 곳에서 시작하신다"고 말씀하곤 했습니다. 기도하기 위해서는 내면의 삶을 정제하고, 양심을 예민하게 하고, "기도는 행동이며 사건"이라는 것을 인식해야 합니다.

성서는 종종 "주님을 경외하는 것이 지혜의 근본"(잠 9:10)이라고 말합니다. 아버지는 이 구절을 "부끄러움을 느끼고, 자기 확신을 잃어버리는 데서 믿음은 시작된다. 그 상실이 우리 안에 하나님과 만나는 공간을 만들어 낸다"라고 풀이하셨습니다. 종교인은 결코 자기 확신에 빠질 수도, 안일해질 수도 없습니다. 그들은 결코 "나는 좋은 사람"이라고 말하지 않습니다. 그들이 언제나 끝없이 분투하는 중에 있기 때문입니다. 아버지는 "나는 자신의 옹졸함, 편견, 시기, 오만함을 결코 부끄러워하지 않는 사람들, 삶을 모독하고도 수치를 느끼지 못하는 사람이 무섭다"라고 하셨습니다. 부끄러움은 생산적이어야 하며 부끄러움에 무감각해지면 인간성이 위협받게 됩니다.

그러나 아버지는 그 부끄러움에 관한 이야기에서 멈추지 않으셨고, 종교를 자기 비하의 한 형태로 보지도 않았습니다. 오히려 종교는 하나님이 우리를 필요로 하신다고 말하기 때문입니다. 『사람을 찾는 하나님』에서 이야기한 것처럼, 하나님이 우리를 기다리십니다. 하늘의 별을 바라보다 하나님을 발견한 아브라함처럼 우리 역시 자연의 경이로움 속에서 하나님을 감지할 수 있고, 성서를 통해서, 공부하다가(아버지는 여유가 있을 때마다 연구에 전념하셨습니다) 하나님을 자각할 수 있습니다. 그리고 거룩한 행동이 있습니다. 무엇이 행동을 거룩하게 만들까요? 『안식』에는 인상적인 구절이 나옵니다. "안식일은 이 세계 속에 하나님이 임재하신 것이며 인간의 영혼을 향해 열린 시간이다." 아버지는 이렇게 우리가 안식일을 거룩하게 만든다고 지적했습니다. 거룩한 행동이란 토라의 계명을 가리키며, 여기에는 기도가 포함됩니다. 그는 계명은 곧 행동으로 드리는 기도라고 말했습니다. 아버지는 1965년 셀마에서 있었던 시민권을 위한 행진을 하고 돌아와서 "내 다리가 기도하는 것 같았다"고 말씀하셨습니다. 그에게 있어 검은 미국인을 위한 행진은 거룩한 행동, 곧 기도의 행동이었습니다.

하나님을 의식하며 사는 삶은 도전입니다. 그 의식은 우리에게 삶이 그저 선물일 뿐 아니라 의무임을, 우리의 삶으로 하나님을 증언해야 함을 아는 곳으로 우리를 이끕니다. 실로 우리의 삶은 그 자체가 하나님을 이 세상에 드러내는 장소입니다. 아버지는 오래된 하시디즘의 가르침을 종종 인용하셨습니다. 누군가 한 랍비에게 "하나님은 어디에 계십니까?"라고 물었고 랍비는 "시편에 '온 땅이 하나님의 영광으로 가득하다'고 하지 않습니까? 그러니 당신이 자리를 마련하기만 하면, 어디든 그곳이 하나님이 계신 자리가 됩니다"라고 답했다는 이야기를 자주 하셨지요.

『땅은 하나님의 것이다』에서 아버지는 "모세 시대에는 이스라엘이 하나님으로부터 계시를 받았다. 하시디즘의 창시자 바알 셈의 시대에는 이스라엘이 하나님께 드러났다. 그러자 오래도록 유대인의 삶에 축적되었던, 세대와 세대를 이어온 그 거룩함이 세상에 드러났다"고 하셨습니다. 인간이 된다는 것, 하나님의 형상대로 창조되었다는 것은 타인에게 하나님을 기억나게 하는 존재로 사는 것을 뜻하기에 유대인에게 삶의 목적은 그 거룩함을 드러내는 것, 그 전체를 하나님께 바치는 것으로 모아집니다.

그러면 어떻게 하나님이 이 세계로 들어오실 수 있을까요? 아버지는 어느 강연 중에 청중에게 "하나님이 십계명을 어기신 때는 언제일까요?"라며 짓궂게 물으셨고, 청중은 당혹스러워했습니다. 아버지는 "십계명에서는 하나님의 형상을 만들지 말라고 하서 놓고 하나님은 우리를 자신의 형상대로 창조하셨죠!"라고 답하셨습니다. 아버지가 지적한 대로 우리는 하나님의 형상입니다. 하나님의 형상을 담은 피조물은 인간

뿐입니다. 하나님의 형상대로 산다는 것은 우리를 만나는 이들이 하나님을 떠올리게 되도록 사는 것입니다. 아버지는 종종 오래된 미드라쉬를 인용하시곤 했습니다. "나는 하나님이고 너희는 나의 증인이다. 너희가 내 증인이 아니라면 나는 하나님이 아니다."

아버지는 하나님의 증인으로 살아가라는 명령에 제한을 두지 않으셨습니다. 특정 종교에 있는 단일한 방법에 길이 있는 것도, 유대인으로 살아가는 단 한 가지 방식이 있는 것도 아닙니다. 아버지는 『사람은 혼자가 아니다』라는 책에서 거룩한 계시는 각자에게 다르게 나타나며 하나님에 대한 경험은 그처럼 제각기 다르다는 옛 랍비의 가르침을 인용했습니다. 토라는 우리 각자에게 다가오며, 매일 새롭게, 고유한 길로 우리를 찾아오는 하나님의 계시입니다.

하나님께 이르는 단 하나의 길은 없습니다. 우리는 각자, 자신이 누구인지에 대해 진실해야 합니다. 우리는 각기 고유한 존재이기에 종교적 표현 역시 다르게 마련입니다. 이전에 조상들이 유대인이었던 방식 그대로 오늘 우리가 유대인이 되는 것은 아닙니다. 그것은 영적 표절일 것입니다. "그러나 신앙을 갖는다는 것은 예언자들이나 현자들의 낡은 사유나 그늘에 머문다거나 교리와 신조의 유산으로 연명한다는 의미가 아니다. 영혼을 영토라고 하면, 개척자만이 상속의 자격을 얻는다. 영혼을 표절하는 것의 대가는 진실성의 상실이며, 그렇게 스스로를 과시하는 것은 돈 자기 배반이다. 그러므로 진정한 신앙은 그저 전통의 메아리 그 이상이다. 그것은 창조적인 사건이며 생동하는 장면이다."

우리 각자가 개별자로서 스스로에게 진실해야 한다는 가르침은 코츠크의 랍비 메나헴 멘델(Menachem Mendel)의 오래된 하시디즘 가르침입니다. 복잡하고도 독창적인 사상가였던 그는 진리와 성실함, 진정성을 강조했고 거짓과 위선을 몹시 혐오했습니다. 아버지는 생애 마지막 시기, 베트남 전쟁 반대 운동에 적극적으로 참여하던 때에 이디시어로 코츠크의 랍비에 대한 두 권짜리 책을 저술했습니다. 그 전쟁은 아버지를 아프게 했습니다. 미국 정치인의 거짓말과 무고한 시민을 수천 명이나 죽도록 내몬 정부의 냉담함에 아버지는 분노했습니다. 그러나 어째서 미국인들은 정부의 거짓말에 속아 넘어간 것일까요? 정치인들의 거짓말도 끔찍했지만 잘 속아 넘어가는 경향 역시 그러했습니다. 아버지는 이것이 종교적인 문제라고 느꼈습니다. 사람들은 스스로 속아 넘어가기를 원할 수 있습니다. 코츠크의 랍비의 속이지 말라는 말은 쉽게 속아 넘어감으로써 스스로를 속이지 말라는 뜻이기도

했습니다.

아버지는 성서는 물론, 랍비 문헌, 카발라(유대 신비주의) 전통, 하시디즘, 철학, 현대 학문에 이르기까지 유대 사상과 문헌 전반을 모두 능숙하게 다룰 수 있었습니다. 이는 유대 사상가 중에도 독보적인 능력이었습니다. 저는 네 가지 언어 모두로, 학자와 일반 독자 모두에게 가 닿는, 유대인과 기독교인 무슬림과 무신론자까지를 청중으로 두었던, 그토록 폭넓은 주제를 아우른 사람을 알지 못합니다. 역사를 살펴보더라도, 한 유대 신학자의 글이 그처럼 전 세계에 울림을 주었다는 것은 매우 드문 일입니다.

한 사람의 유대인이 그들 모두를 하나님께로 더욱 가까이 이끌고, 그들의 기도가 더 깊어지도록, 신앙이 더 든든히 서도록 주었다는 사실을 알게 되신다면, 아버지도 매우 놀라워하실 것입니다. 실은 아버지는 자신이 유대인보다는 기독교인들에게 더 잘 이해받는다고 종종 말씀하시곤 했습니다. 기독교에는 오랜 신학적 논의의 전통이 있는 반면, 많은 유대인들은 유대 신학과 멀어졌고, 유대의 정체성에 대한 정치적인 분석을 선호하거나, 관습과 의식에 집중하는 경향이 있었기 때문입니다. 아버지는 '관습과 의식'이라는 말을 우리의 어휘에서 지우고 싶어 하셨습니다.

참된 경건은 어디에서 발견할 수 있을까요? 아버지는 자신이 종교적으로 고귀한 이들에게 에워싸여 자랐다고 말씀하셨습니다. 이는 놀라울 만큼 기이한 표현입니다. 아버지가 자라난 세계는 나치에 의해 완전히 파괴되었으니까요.

미국의 유대교는 유럽과는 또 다른 양상이었고 아버지는 미국 유대교의 형식에도 아주 날카로운 비판을 가했습니다. 회당이 '기도가 죽으러 가는 곳'이라고 일갈하셨지요. 회당은 회중이 의자에 기대앉아 랍비와 성가대가 '대리 기도'를 하도록 내버려 두며, 설교는 피상적이고 기도하러 온 이들은 자신들의 진정한 고통을 자각하는 데 실패하곤 한다고, 너무도 많은 이들이 회당으로 들어올 때와 다름없는 자기만족 속에 회당을 나선다고 지적했습니다. 그러나 기도란 전복적인 것이어야만 합니다. 아버지는 그렇게 무언가를 얻기 위해서가 아니라 '기도하기 위해서 기도'하는 것에 대해 이야기하셨습니다. 그 기도는 자신이 창조하신 세계에서 난민이 되신 하나님께 문을 여는 행위입니다. 아버지는 미국 유대교의 미래에 희망이 있다면 그 희망은 흑인 교회에 있을 것이라고 말씀하시곤 했습니다. 동유럽에서 익히 경험하던 그 기운을 그곳에서만 느꼈기 때문입니다.

하시디즘은 아버지의 종교심과 사회 운동에 영감을 주었

습니다. 오랜 기간 하시디즘에서 중요한 스승이었던 랍비들의 후손으로서 아버지는 공감의 진정한 깊이를 배웠습니다. 그렇게 사람들이 절망으로부터 벗어나도록 돕고, 유대인으로서의 기쁨을 회복시키려 애썼던 지도자들이 아버지의 본이 되었습니다.

아버지는 공감이 예언자들에게도 핵심적인 것이었다고 주장했습니다. "예언자의 귀는 침묵 속에 있는 신음을 듣는다"면서 "예언자들의 말은 밤의 절규이다. 세상이 평온하고 잠이 든 동안 예언자는 하늘로부터 온 폭발을 느낀다"고 말씀하셨죠. 침묵하는 자의 편에서 말할 때 예언자는 하나님의 공감, 곧 아버지가 "하나님의 파토스"라고 부르는 것을 표출합니다. 예언자는 인류를 향한 하나님의 깊은 관심, 우리의 고통으로 인해, 그것에 응하는 하나님의 고통을 전합니다. "예언자는 하나님의 음성을 듣고 그분의 마음을 느끼는" 자들입니다.

우리는 어떻게 예언자의 정신으로 살아갈 수 있을까요? 결국 아버지는 자주 "일부가 죄를 짓지만, 모두가 거기에 책임이 있다"라고 하셨습니다. 그러므로 신앙은 도전입니다. 그 도전은 우리에게 예언자적 응답을 요구하며, 타인의 삶에 관여하라고 우리를 부릅니다. "인간은 만족하기를 원하고 필요

를 채우기를 원할 뿐 아니라 타인을 만족시킬 수 있기를, 그
들에게 필요한 사람이 되기를 원합니다. 인간에게는 그러한
욕구가 있습니다.”

개인적인 욕구는 생겼다가 사라지곤 합니다. 그러나 한 가
지 불안만은 언제나 남습니다. “나는 필요한 존재인가?”라
는 질문이 그것입니다. 예언자의 답은 명확합니다. “그렇습니
다. 진실로 그렇습니다.”

아버지는 언제나 삶에서 하는 경험을 긴 역사를 보는 시선
속에서 바라보셨습니다. 이를테면 「노스트라 아에타테」가
보여준 놀라운 혁신을 기억하게 해주셨습니다. 교회가 유대
교에 대해 그처럼 긍정적으로 말한 경우는 없었으니까요. 아
버지는 전통을 무조건 고수해야 한다고 집착하지도 않으셨
습니다. 제게 랍비가 되라고 권하시면서 언젠가는 여성도 랍
비가 될 수 있으리라 믿는다고 하셨습니다.

부모님 댁에서 안식일 예식을 지켰던 기억을 떠올리면 그날
의 거룩함이 다시금 느껴집니다. 아버지는 순간이 의미를 낳
도록 하는 법을 아셨습니다. 언젠가는 이런 글을 쓰신 일도
있습니다. “의미 있는 존재임을 느끼게 하려면 세 가지가 필
요하다. 하나님, 영혼 그리고 순간. 이 세 가지는 언제나 함께
있다.” 아버지 신앙의 심장에는 ‘하나님은 우리를 필요로 하

시며, 우리는 그분의 거룩한 관심의 대상이라는 것을 언제나 기억하라'는 메시지가 늘 자리하고 있었습니다.

현대는 기존의 권위를 벗어나 이성을 사용하면 무지를 극복하고 위대한 일을 이룰 수 있다고 약속했습니다. 그러나 우리는 이제 이성만으로는 살 수 없음을 알게 되었습니다. 아버지를 포함한 많은 이들이 이미 아우슈비츠와 히로시마의 배경에 그것을 합리화한 이성이 있었다는 점을 지적했습니다. 경이로움과 신비, 형언할 수 없는 것들에 대한 우리의 감각에 무슨 일이 생긴 걸까요. 현대에는 불필요하다는 취급을 받고 억압받아 온 이 모든 것들이 실은 인간 됨의 본질입니다. 우리에게는 현대가 억압한, 심지어 폄하한 그 감수성을 키워 나가야 할 의무가 있습니다. 이를테면 우리가 자연에서 그 힘과 아름다움 웅장함을 볼 때 어떻게 반응하는지, 곧 그것들을 누리며 착취하는지, 경외감으로 그 앞에 서 있는지를 물어야 합니다. 경외가 없는 삶은 빈곤해지고 사회는 부패해 버립니다. 아버지는 그렇게 말씀하시곤 했습니다.

아버지는 종교는 우리에게 그것이 필요하기 때문이 아니라, 우리 영혼이 스스로를 표현할 기회가 있어야 인간성의 온전함에 이를 수 있기에 존재한다고 여겼습니다. 그리고 기도만이 우리의 가장 깊은 갈망을 고백하는 장소가 된다고 하셨지요. 우리는 인간으로 태어났지만, 기도를 통해서 인간이 되어갑니다. 기도는 우리에게 그 인간이 되어가는 도전을 기억하는 행위입니다.

우리는 현재를 사는 동시에 성서의 시간을 살아갑니다. 이 원리가 유대교와 기독교의 예전을 이끌어 갑니다. 아버지의 글에도 이 원칙이 깊이 스며 있습니다. 유월절 만찬에서 읽는 학가다(Haggada, 유월절 식사 안내서) 역시 우리가 마치 예전에 이집트를 탈출한 이들 중 하나인 듯이 그렇게 여겨야 한다고 이야기해 줍니다. 타 종교와의 대화 중에 아버지는 스스로를 성서적으로 소개하곤 했습니다. "아브라함이 시초가 된 회중의 일원으로서, 또 랍비의 이름이 모세인 회중의 일원으로서 한 말씀을 드리려 합니다." 1963년, 종교와 인종에 관한 컨퍼런스 연설에서는 "종교와 인종 문제를 두고 열린 첫 정상회담의 주요 참가자는 파라오와 모세였습니다"라는 말로 연설을 열었습니다. 이어 아버지는 "인종차별은 사탄적입니다. 지독할 만큼 순수한 악입니다"라고 선언하면서 인종 문제에서 정의를 가장 강력하게 외친 백인 중 하나가 되었습니다. 아버지는 나치 독일의 반유대주의를 피해 도망해 온 곳에서, 민주적 이상을 표방하는 그 나라에 만연한 인종차별을 보고 충격을 받았습니다. 아버지는 대중들 앞에서 하는 연설에서 거듭 강조했습니다. 인종차별은 그 자체로 잘못된 일일 뿐 아니라 우리의 인간성을 약화시키고, 창조주 하나님을 거부하는, 성서의 모든 원칙을 산산조각 내는 악이라고요. 아버지는 그 당시 이미 인종차별의 구조적 본질을 이해하고 있었습니다. 인종차별이 어떻게 제도화되어 누군가를 끔찍한 가난으로 내모는 경제 구조가 되는지, 법은 오히려 교육, 주거, 의료와 같이 보장되어야 할 권리를 얻는 데 장벽이 되었음을 깨달으셨습니다. 아버지는 마틴 루터 킹 주니어에게 베트남 전쟁 반전에 대한 목소리를 함께 내자고 요청했습니다. 두 사람모두 그 전쟁을 미국 사회의 인종차별의 어느 한 단면으로 여겼습니다.

아버지는 어느 한 집단, 한 종교를 위해서가 아니라 우리 모두를 위한 글을 썼습니다. 가장 중요한 것은 아버지가 타 종교와 마주했을 때 제기했던 핵심적인 질문들입니다. 어떤 종교에 소속되어 있든 우리는 많은 문제들에 영향을 받고, 많은 문제들을 공유하고 있습니다. 인종차별도, 전쟁도, 빈곤도, 핵무기 문제도 불의의 문제도 모두 종교적인 문제입니다. 우리 모두에게 종교적인 문제입니다. 종교 내부에도 문제가 있습니다. "아무리 위대한 종교라도 수시로 고쳐야 한다. 그렇지 않으면 살아남을 수 없다." 우리는 함께 우리를 압도하는 무감각에 맞서야 합니다. 아버지는 "선의 반대는 악이 아니라 무관심"이라고 썼습니다. 탁월한 강연 「종교는 섬이 아니다」 의 결론부에서 아버지는 이렇게 묻습니다. "종교 간 대화의 목적은 무엇인가?" 그리고 이것이 아버지의 대답입니다.

> 서로 아첨하거나 서로의 신앙을 논박하기 위해서가 아닌, 서로 돕고 통찰을 나누고, 서로 배우며 학적으로 가장 높은 수준에서 협력하고, 무엇보다도 광야에서 신앙의 샘을 찾고 고요함의 보석을 발견하고, 사람을 사랑하고 또 돌볼 힘을 얻기 위해서입니다. 우리에게는 이 혹독한 곤경 속에 서로를 도울 길이, 주님의 말씀이 여전히 지금 여기에 영원히 살아 있다고 믿을 용기가 절실히 필요합니다. 우리는 우리의 무뎌진 감수성을 되살리려 애쓰며, 양심을 다시 타오르도록 해야 합니다. 그렇게 우리 영혼 속에 거룩한 불꽃을 지키며 시편의 정신에 우리의 영혼을 열고, 예언자들의 말씀을 경외하고, 살아 계신 하나님을 향해 신실해져야 합니다.

* 수잔나 헤셸은 아브라함 요수아 헤셸의 외동 딸이다. 그녀는 다트머스 대학교의 엘리 블랙 유대학 석좌교수이며, 『도덕적 장엄함과 영적 대담함: 아브라함 요수아 헤셸 에세이』(*Moral Grandeur and Spiritual Audacity: Essays of Abraham Joshua Heshel*)의 편집자다.

출전

1. 모든 순간은 영원을 스친다

누구도 　　　　　　　　　　　*Man Is Not Alone*, 161–163. (『사람은
　　　　　　　　　　　　　　　혼자가 아니다』, 한국기독교연구소)

신앙을 갖는다는 것 　　　　　*Man Is Not Alone*, 164–165
영원에 이르는 길 　　　　　　*Man Is Not Alone*, 205–206
알려진 바는 거의 없다 　　　　*God in Search of Man*, 200–201.
　　　　　　　　　　　　　　　(『사람을 찾는 하느님』, 한국기독교연구소)

우리 대부분은 　　　　　　　　*God in Search of Man*, 201–202
배워야 한다 　　　　　　　　　*God in Search of Man*, 202–204
피할 수 없다 　　　　　　　　　*The Sabbath*, 6. (『안식』, 복 있는 사람)

2. 진정 살아갈 가치가 있는 단 하나의 삶

신비를 감지하는 순간 　　　　*Man Is Not Alone*, 63–65
경건은……무언가를 가리킨다 　*Man Is Not Alone*, 277–279

3. 신비 앞에서

4. 예언자는 하나님이 우리를 돌보심을 보여준다

출전

---

8. 삶의 양식

---

9. 행동이 마음보다 지혜롭다

하나님은 참된 실재이시다	God in Search of Man, 159-160
한 경건한 유대인은	God in Search of Man, 187
이렇게 물을 수 있다	God in Search of Man, 413
뜻하는 바가 바로 이것이다	God in Search of Man, 416
예언자들에게	The Prophet, 288-289
성서는⋯⋯ 말한다	The Prophet, 354-355

오늘날 헤셸을 읽는다는 것

자각	Who is the Man, 112
하나님은⋯⋯ 시작하신다	Moral Grandeur, 257
나는⋯⋯ 무섭다	Who is the Man, 114
아브라함처럼	God in Search of Man, 31
안식일은	The Sabbath, 60
모세 시대에는	The Earth is the Lord's, 98
신앙을 갖는다는 것은	Man Is Not Alone, 164
예언자의 귀	The Prophet, 9
예언자들의 말	The Prophet, 16
예언자는⋯⋯ 듣고	The Prophet, 26
인간은⋯⋯ 욕구가 있습니다.	Man Is NotAlone, 193
세 가지가 필요하다	The Insecurity of Freedom, 84
첫 정상회담의	The Insecurity of Freedom, 85
어떤 종교에⋯⋯ 있습니다	Moral Grandeur, 255

출전